# 2017年の
# スポーツシーン

写真：フォート・キシモト

JN158059

サッカーのW杯ロシア大会アジア最終予選で、日本は８月31日、オーストラリアに２対０で勝利し、６大会連続６度目のW杯本大会出場を決めた。

ロンドンで行われた陸上の世界選手権、男子 400 メートルリレー。ウサイン・ボルトのラストランは、脚を痛めて途中棄権に終わった。

日本学生対校選手権の男子 100 メートル決勝で、桐生祥秀（中央の 257 番・東洋大学）が、日本人初の９秒台となる９秒 98 を記録し、３連覇を飾った。

体操の世界選手権で、白井健三は、男子ゆかでは２大会連続３度目の優勝を飾り、男子個人総合決勝では３位に入り、銅メダルを獲得した。

陸上の世界選手権、男子 50 キロ競歩では、荒井広宙（中央）が３時間 41 分 17 秒で銀メダル、小林快（右端）が銅メダルを獲得した。

# 現代スポーツ評論 37

Contemporary Sports Critique

特集：スポーツとボランティア

CONTENTS

## 【特集】スポーツとボランティア

主張

*Opinion*

# グローバルな協働的支援への助走

清水　諭

## 東京・沖縄1964

東京1964オリンピック・パラリンピックを前にして、東京の街はあちこちで工事が進み、首都高速道路や幹線道路、東海道新幹線のほか、今ある東京のランドスケープが出現した。インフラの整備は、人々の生活スタイルを変えたに違いなく、開催が迫るにつれ、海外から多数の渡航者が来ることを意識する人々が増えていったといえよう。以下は、当時を振り返ってのことである。

東京オリンピックが開催された代々木公園は以前、「ワシントンハイツ」といって、日本人は立ち入り禁止でした。近所に住んでいた我が家に1964（昭和39）年6月、渋谷区から「くみ取り式便所を水洗式にする金を貸し付ける」との案内が来ました。外国人が家に立ち寄ると恥ずかしいというのが理由だったのでしょう。

今思えば、外国人が来るわけがないのに、母は「それはそうだ」とすぐにトイレを水洗にしました。鉄道員だった父は「駅に外国人が来たら困るから」と、自費で英会話を習いに行っていました。

とにかく「外国人が来るんだ」と、町中が緊張していました。64年の夏は雨が少なく、道に水をまいていたら、「外国人が来て水がなかったらどうするんだ。もったいないことをするな」と怒られました。まるで

「非国民だ」というような言い方でした。（中出和夫「外国人が来る水洗トイレに」朝日新聞、２００６年1月25日）

この例は、観戦に来る多数の外国人に対して、「失敗や失礼のないように」しようと思うその気持ちと「国民であること」とが繋がる可能性のあることを示している。そして当時、東京で暮らす人々のみならず、聖火リレーが通過する地域において、オリンピックに関連したイベントに様々な意味が付与された。

米国施政権下にあった沖縄は、「国内聖火リレーの日本最初の着陸地」に決定された（62年7月4日聖火リレー特別委員会）のち、オリンピック東京大会聖火沖縄リレー実行委員会が発足すると「美化小委員会」が設置され、「新生活運動推進協議会」が設立した。沿道の市町村自治体と組んで、聖火コースの美化を住民に訴え、琉球全体が一斉に清掃運動を展開し、保健所では清掃要領が発表されていった。

与謝野秀（しげる）東京オリンピック組織委員会事務総長は、聖火を出迎えるために沖縄入りし、以下のように述べた。

沖縄は日本の国土であるから、聖火の日本最初の上陸地点である。と同時に、また本土とまったく同じというわけにもいかないので、外国コースの終着点でもある。（「聖火で出迎え団　あす来島」沖縄タイムス、１９６４年9月4日）

一方、沖縄のメディアは、「沖縄が日本国内の出発点」であることに焦点を当てた。日本の沖縄、日本の土＝「沖縄の地」を踏む聖火、米軍占領下に住む「日本人」たる沖縄人の手から本土へ、平和と友好の祭典オリンピックの聖火トーチが手渡されるというストーリーを、沖縄の人々が欲しているかのように伝えていた。（沖縄タイムス、「〝復帰〟のような喜び　聖火沖縄入り　大々的に報道」64年9月8日）豊見山は、沖縄の人々は、米軍占領下にあるにもかかわらず日本の国土と認められ、聖火の国内第一歩をしるす地に選ばれたことを「よき日本人」としての資質が試される機会とも受け止めていたと述べている。（豊見山、２００７b：29）

沖縄での聖火リレーは5日間にわたり、那覇から南部を回って、東海岸を北上し、塩屋から西海岸に回り、普天間、浦添、西原、首里を通って、再び那覇に戻った。この間、聖火リレーの沿道は日の丸であふれかえった。

琉球新報は、「聖火を日の丸で迎えよう運動」を提唱し、商店街などがこれに賛同、リレーの中継点、学校前、そして家庭でも「国旗」を掲揚しようと盛り上がり、集落、学校、婦人会、そして青年会の単位で動員がなされた。人々は、手に手に「日の丸」の小旗をもち、振り続けたのだった。

以上は、1964年当時の東京と沖縄のほんの一部分を紹介したものだが、「祖国復帰」を願う人々からすれば、街がきれいに見えるよう清掃し、日の丸を振って聖火を歓迎する行為は、「よき国民になる」という期待と重ね合わされていたに違いない。そして、現在に至ってなお、沖縄に住む人々の現実を想像し、平和の意味をかみしめ、分かち合える状況を沖縄から離れて暮らす人々と共につくり出すための努力をしていかなければならないことは自明であろう。

## 他者を想像し、支援する

リオ・デ・ジャネイロ2016オリンピック大会の開会式（16年8月5日）では、205の国・地域、個人参加、難民選手団の選手・役員たちにそれぞれ異なる207種類の植物種が渡され、選手たちがその種を土に埋め、のちにそれは市内の公園に植え付けられた。そして、緑一色の五輪マークが会場中央に位置づけられ、環境保全を強くアピールするメッセージが表出した。また、IOCが新設した「五輪名誉賞」は、孤児支援や青少年教育に尽力したケニア・オリンピック委員会のキプチョゲ・ケイノ会長に授与された。（朝日新聞、2016年8月7日）トマス・バッハIOC会長は、開会式のスピーチで以下のように述べている。

我々は、危機と不信と不確実性の世界にいる。五輪の世界には、すべての人に普遍的なルールがある。この五輪で、共通の人道の価値が、分断させようとする力より強いことがわかる。…（難民選手団は）世界中にいる何百万もの難民に希望のメッセージを送っている。さらに優れた能力と人間の精神を発揮することが、社会へのすばらしい貢献になる。（朝日新聞、2016年8月7日）

オリンピックの開会式において難民や環境問題が取り上げられるようになってきた2000年代であるが、もともと他者を想像し、関係を構築し、支援しようという状況はいつ、どのように生まれてきたのだろうか。

加藤剛は、政府開発援助（ＯＤＡ：Official Development Assistance）の語が最初に使用されたのは、１９６９年に欧州経済協力機構（ＯＥＥＣ）、のちの経済開発協力機構（ＯＥＣＤ）の下部組織のひとつだった開発援助グループ（ＤＡＧ）がこの名称を使用したことによると述べている。そして、ＯＤＡの意味を「発展途上国の経済発展や福祉の向上のために先進工業国の政府及び政府機関が発展途上国に対して行う援助や出資のこと」と説明する。（加藤、２０１７：20）

一方で、彼はＮＧＯという語が公に表現された契機は、45年に制定された国際連合憲章第71条によって、「経済社会理事会は、その権限内にある事項に関係のある民間団体（原文では non-governmental organizations）と協議するために、適当な取極を行うことができる」と規定され、「民間団体」に国連活動における協議資格を認めたことに発すると述べている。（同上書：20）

この開発の思想や「教育、公衆衛生、貧困、人権などに関わる問題を改善・解決するべく活動している非政府組織」（同上書：20‐21）であるＮＧＯが大きく展開する契機となったのは、72年ストックホルムでの「国際連合人間環境会議」（通称「ストックホルム会議」）だった。「かけがえのない地球（Only One Earth）」をキャッチフレーズにした初の国連主催の環境問題に関する国際会議は、開催提案国スウェーデンが民間団体の参加を歓迎したことから多くのＮＧＯとその関係者が参加し、市民フォーラム（People's Forum）ではデモ、行進、歌、環境問題ダイアローグなどが展開された。（同上書：44）

しかしながら、２回目の国連主催の環境会議「国際連合環境と開発会議」（別称「地球サミット」）が開催されたのは92年になってからだった。この間、援助ドナー国の関心は、環境問題や資源枯渇とも関係する途上国の「人口爆発」に集中し、家族計画拡充のための支援が活発化したのだった。その上で80年代に温暖化の兆候が明らかになったことで、環境問題はグローバルな開発の問題になった。（同上書：45）そして、２０００年代になると「持続可能な開発」をタイトルにする国連主催の環境会議が増加していく。加藤は、以下のように述べる。

考えるに、開発という形で人間が自然に関与することによる環境問題は、ＮＧＯの設立や活動と結びつきやすい。排出ガスが典型だが、開発による環境問題は先進国、途上国ともに引き起こす問題であり、その結果は貧富の差とは関係なく、あるいはローカルとグローバルの別なく、すべての国と人に及ぶ。熱帯の森林消失も、熱帯だけの問題に止まらず、地球温暖化という形で熱帯以外の地域にも影響を与える。それゆえに、環境問題に関わるＮＧＯの設立や活動は世界の異なる地域に広がり、多くの人々の支持を得ることになる。

（同上書：47-48）

## 地球規模課題への対応に向けて

私たちが暮らす日常において、地球規模課題から逃れて生活することはできない状況にある。ご存知の通り、持続可能な開発目標（Sustainable Development Goals：ＳＤＧｓ）は、２０１５年９月に国連総会で採択された『我々の世界を変革する：持続可能な開発のための２０３０アジェンダ（Transforming our world: the 2030 Agenda for Sustainable Development）』と題する成果文書で示された17のグローバル目標と１６９のターゲット（達成基準）からなる具体的な行動指針である。

持続可能な開発目標（SDGs）17 項目（国際連合広報センター H.P. より）

グローバル支援は「単にグローバルに展開する支援活動を意味するだけでなく、貧困削減、環境保全、疾病対策、教育、先住民の権利、災害支援など、普遍的でグローバルに受け入れられている課題や価値に基づき、主として人々のエンパワーメントをめざす支援活動」と捉えられる。(信田、2017：9)そして、信田敏宏はこれがグローバルに展開する支援活動だけを意味するのではなく、普遍的でグローバルに受け入れられている価値（人権、環境保全、貧困、疾病、教育、災害、民主主義など）やそれに基づいた活動にコミットする支援活動を意味していると指摘する。(同上書：9)

では、私たちは、実際の現場において、どのような立ち位置で、何をすればいいのだろうか。関根久雄は90年代以降、NGOによる途上国での社会開発支援活動の基本理念として、社会的弱者の目線に寄り添い、彼らの主体性に期待しながら開発の持続性を確保しようとする姿勢が定着しているという。(関根、2017：252)そして、彼は貧困状態にある現地の人々自身が主体的に開発援助プロジェクトに関与して金銭的・物質的欲求を充足させるだけでなく、そのことを通じて「今」を生きるための自信、精神的充足を実現させようとするエンパワーメント（力の付与）、オーナーシップ（当事者意識）、パートナーシップ（協働性）、アカウンタビリティ（説明責任）などの用語が開発の文脈で表現されてきたとする。その上で、ロバート・チェンバースをもとに、支援する外部者と支援される現地の人々との関係性に注目し、前者の持つ権力性を中和するための方法論について、反省的思考から「最初の者は最後に（Putting the First Last）」つまり、力を持つ者は自ら退き、力の弱い者に主導権を譲るべきことを引用している。(同上書：253)ここには、支援する側とされる側との関係性をどのように構築すべきか、その時、どのようなまなざしと身振りが相互作用を形成するのかについて、自己を巡る関係性の構築に敏感にならなければならないことが示されている。

本稿では、地球規模課題に対するグローバルな支援について述べてきた。私の回りの学生には、JICA短期ボランティアのほか様々なかたちで、カンボジア、タイ、ミャンマー、インド、ザンビアなどで活動する者が増えている。ボランティアをすることの先にどのようなヴィジョンを設定することができるのか、支援する側と支援される側をはじめとする関係性の構築と持続は重要な課題のひとつだろう。本稿を今後に向けたファーストステップとして位置づけ、広く深い議論をしていきたい。

（筑波大学）

【文献】

加藤剛（２０１７）「グローバル支援の歴史的位置付け：『開発援助』の生成と変容」信田敏宏・白川千尋・宇田川妙子（編）『グローバル支援の人類学：変貌するＮＧＯ・市民活動の現場から』昭和堂、17‐60頁。

国際連合広報センター（２０１７）持続可能な開発目標（ＳＤＧｓ）

http://www.unic.or.jp/activities/economic_social_development/sustainable_development/2030agenda/sdgs_logo/（２０１７年11月6日閲覧）

信田敏宏（２０１７）「グローバル支援の人類学」信田敏宏ら（編）同上書、１‐14頁。

関根久雄（２０１７）「なぜ持続しないのか：ソロモン諸島における開発ＮＧＯの実践と矛盾」信田敏宏ら(編)同上書、２５１‐２６９頁。

豊見山和美（２００７ａ）「東京五輪聖火沖縄島一周：『祖国との一体感』に浸る」那覇市歴史博物館（編）『戦後をたどる：「アメリカ世」から「ヤマトの世」へ』琉球新報社、２２７‐２２９頁。

豊見山和美（２００７ｂ）「オリンピック東京大会沖縄聖火リレー：１９６０年代前半における復帰志向をめぐって」『沖縄県公文書館研究紀要』９：27‐36。

座談会

# ボランティアの歴史と現在

## 東京2020オリンピック・パラリンピックに向けて

出席者

仁平典宏　東京大学准教授

清水　諭　筑波大学教授・現代スポーツ評論編集委員

友添秀則　早稲田大学教授・現代スポーツ評論編集委員

と　き：2017年10月3日　　ところ：如水会館

## なぜ問題意識を持てなかったのか

**清水**　仁平さんは『「ボランティア」の誕生と終焉―〈贈与のパラドックス〉の知識社会学―』（名古屋大学出版会、2011年）という著書で、ボランティアの歴史について書かれています。ボランティアに興味を持ったきっかけをお聞かせください。

**仁平**　私が大学に入ったのはバブル崩壊後でしたが、まだ経済が立て直せるのではないかという空気がありました。私もテニスサークルに入ったりして都市文化を謳歌していましたが、このままでは社会が立ち行かなくなるのではないかという〝軋み〟も出てきていました。社会に対して特別な関心があったわけではなかったのですが、なぜか大学では社会学関係のゼミに入っていました。問題意識を持たなければいけないのに、どうやって持っていいのかわかりませんでしたが、ゼミの先生から、「とりあえず自分から一番遠いところに行きなさい」と言われました。

そんな時、大学の階段の踊り場に貼ってある知的障がい児に関するボランティア募集のポスターを見かけました。それまで障がい児と関わったことがなかったので、ここに行けば変われるのではないかと思ったのが、学部3年生の時でした。今風に言うと〝意識の高い人たち〟が参加しているのだろうと思って行ってみたのですが、そこにいたのは、普通に遊んで、普通の恋愛をする若者たちでした。彼らが普通の生活の延長線上でボランティアをやっていることが非常に新鮮に感じました。また、強い問題意識を持ってボランティアをやっているのかというとそうでもなく、福祉の制度についてよく知らない人も多くいました。いわゆる奉仕ではなくて、「もっと自分も楽しんでいい、自分の成長につながってもいい」というボランティア言説が90年代当時はありましたが、私が行ったところも、「楽しみながらやるのが真のボランティアだ」という雰囲気の場所でした。

一方で、日本の社会福祉の問題点に十分に切り込まずに、「ボランティア活動をしています」と言えてしまうような状況が続いている中で、「社会に問題意識を持つとはどういうことか」ということが依然分からずにいました。修士課程に入り、修士論文のテーマを考えないといけないのですが、問題意識を持っていないので苦労していました。それならば、「ボランティアをしつつ、問題意識を持てない」という私自身の行動と意識の分離をテーマにしようと考えました。言い換えれば、「問題意識を持つことが難しい時代になったのはなぜか」ということですね。時代のせいにして責任転嫁しているところもありましたが（笑）。

資料を読んだり人と議論する中で、「ボランティアと言っても、楽しむボランティアばかりではない。昔はもっと制度を問題とするような骨のあるボランティアがあったのではないか」と考えるようになりました。この問いを出発点として、「なぜ今風のボランティアがこれほど広がったのか」についての歴史を研究してみようと思いました。古くからある大阪ボランティア協会という団体の一次資料が多く残っていましたので、その団体の変容を題材として修士論文を書きました。

## 日本におけるボランティアのはじまり

**清水**　奉仕や慈善運動というかたちでボランティアが派生していったと思うのですが、奉仕する側とされる側に距離のあるところからボランティアがスタートしたということでしょうか。

**仁平**　修士論文を書くにあたって、60年代に高校生だった人たちに聞き取り調査を行いました。彼らは、「上からの奉仕みたいなイメージが当時の福祉業界に多くあって、今で言うボランティアもその延長線上に捉えられていたけれども、自分たちはそういうものではないことをやりたい」と言っていました。当時は「ボランティア」という言葉を知らなかったそうです。「奉仕や施設慰問という言葉はあるけれども、自分たちがやっている活動はそういうものではないはずだ」というモヤモヤがあったそうです。ボランティアという言葉、理念を推進する大阪ボランティア協会などの団体が１９６５年ぐらいから登場するようになってきました。64年の東京オリンピックの後です。それらの団体の講習会に行ったりして、「ボランティアという言葉があるのか。これこそが自分たちが求めていた言葉だ。上からやる活動や体制の矛盾を隠蔽するような活動ではなくて、民主的な社会を切り拓いていく活動に対してボランティアという言葉を使っていいのだ」と、目が覚めたそうです。

１９６８年の世論調査では、「ボランティア」という言葉を「知っている」と答えた人が1割ぐらいでした。知っている人でも、「施設で活動する人、奉仕者」という理解だっ

仁平典宏 氏

たと思います。そう考えると、ボランティアという言葉が一語も出てこない64年東京オリンピックの資料も理解ができます。当時も、街の美化・清掃活動、会場での誘導や案内、通訳などで有志を募っていましたが、それらは同じ概念で括れる活動なんだという理解がありませんでした。70年代にボランティアという言葉が広がっていき、共通の枠組みとして捉えられるようになったのだと思います。70年代に文部省が生きがい対策、生涯学習の文脈でボランティアという言葉を政策に入れました。そして、厚生省による「施設から地域へ」という動きの中で、本格的なボランティア育成が始まります。ボランティアという言葉が広がっていくのもこの頃です。世論調査では、「ボランティア」の経験率は80年代を通して徐々に増えていくのですが、「奉仕活動」の経験率は変わらずに一定していて、１９９０年代にその値がほぼ一緒になります。つまり単純にボランティアが増えたのではなく、元々奉仕や地域の相互扶助という意識で行われてたことが、ボランティアという言葉の浸透によって、自分は「ボランティア」をしていたのだと経験され直されていったプロセスがあったのかもしれません。

**友添**　「奉仕活動」という言葉は、宗教がバックグラウンドにあって、特に新興宗教を中核にしながら活動をしていくというイメージに直結します。

**仁平**　大正時代に「慈善」に代わる言葉として「社会奉仕」という言葉が出てきました。「上から下」ではなくて、「自分が何かやれば、それが社会を通して戻ってくる」という、施しとは異なる新しい社会意識を表現するために使われ出した言葉です。しかし戦争を経て、公のために自分を犠牲にするというニュアンスが強く出るようになってしまいました。この自己犠牲というイメージは宗教とも重なるかもしれません。特に新興宗教は「見知らぬ他者への贈与」という点において、キリスト教と似ているところがあります。この点、江戸時代に檀家制度をとって、自分の檀家のみを対象にした仏教とは対照的です。戦前における社会事業の担い手には、新興宗教とキリスト教の宗教家が多く含まれています。

**友添**　救世軍などですね。

**仁平**　そうです。それが日本の奉仕活動、ボランティアの大きな底流のひとつとなっています。この理念型の活動が定着しないと言われてきました。「日本にはボランティアがない」と言われていたのですが、さきほど言ったように、「奉仕活動」という言葉で聞くと、昔から経験率は高めに出ます。これは農村社会における労力提供や自治会での活動などの、伝統的な相互扶助的な活動が含まれるためだと考えられます。

**友添**　昔の「結（ゆい）」（小さな集落や自治単位における共同作業の制度）ですね。

**仁平**　そうです。前近代から「結」や五人組制度が作られていましたが、近代化以後も自治会的な組織は生活や生産において重要な役割を果たします。このような同じ地域で生活する住民同士の相互扶助的活動と、理念的で見知らぬ他者に対して行う活動の2つがあり、「日本にはキリスト教がないからボランティアが根づかない」と言われるのは、後者の活動です。一方で、ボランティアの参加率が高い都道府県ランキングで東北や山陰の県がトップになるのは、前者の相互扶助的な活動が盛んなためです。

## 1990年代以降の変化

**清水**　仁平さんは著書の中で、「90年代になるとボランティアの大きなうねりが出てくる」と書かれています。いわゆる「リベラリズム」の中で、ボランティアの位置づけ、意味にどのような変化があったのでしょうか。

**仁平**　「ボランティア」という言葉の普及は、先ほどのボランティア政策の影響が大きかったと思います。70年代以降、地域福祉の担い手の育成のために「ボランティアをより身近なものに」という政治的な動きが強くなっていきます。そのためには、一般の人たちが気軽に参加できるようにハードルを下げておかないと普及ができません。「ボランティアは自発的でないといけない」という言説に代わって、「きっかけは何でもいいので、いろいろと経験して、後で問題意識が芽生えれば良いのではないか」という言説が増えていきます。他方、ボランティアをやってもらう側からみても、他人の自己犠牲や善意で一方的に助けてもらい続けることは、実は非常に苦しいことだったりします。このようないろいろな思いの中で、「ボランティアは自己犠牲ではなく、活動を行う側にとっても、自己実現や自己成長の点で有益なんだ」という言説が広がっていきます。さらに80年代には、「ボランティアって明るくやっていいんだよ」ということが強調されるまでになります。

1995年に阪神淡路大震災が起こりました。無気力・無関心で社会に関心がないと言われていた若者が、大挙して被災地に駆けつける様子をメディアが取り上げました。彼らの多くは特別「意識が高い」という若者ではなく、自己実現の延長でやっていました。「これこそが新しいボランティアだ」とメディアが伝えました。

長野冬季オリンピックが行われた1998年は、「特定非営利活動促進法（NPO法）」施行の年です。そこからは、「もうボランティアが唯一の形ではなく、NPOなどの団体がプロフェッショナルに活動できるものとして市民活動を考えていこう」というトレンドに切り替わっていきます。

NPOが出てきて一番大きかったのは、経営としての市民活動という考え方が広がったことです。同時期に介護保険も始まり、これまで国が担っていた福祉サービスに民間も参入できるようになっていきます。保育でも民営化が進んでいく中で、これまでのように理念だけで活動していても寄付も集まらないし、助成金も得られないし、事業もできないので、きちんと経営的なスキルを身につけないといけないという考え方に変わっていきました。それまでは政治のカテゴリーで捉えられていたのが、経済のカテゴリーで捉えられるようになりました。最近はその傾向はさらに強くなっています。私は法政大学で福祉社会学を教えていたのですが、「ボランティア」や「NPO」に興味を示す学生はごくわずかでした。ところが、「社会的起業というのがあって、お金を稼ぎながら社会問題の解決に取り組むこともできるよ」と言うと、大きな反応がありました。一般の市場でも認められるというイメージが、若い人への魅力につながるようです。

ＮＰＯの集まりやファンドレイジング大会に行くと、いかにＳＮＳで活動を宣伝するか、どうやって寄付を集めるか、助成金の申請書をどう書くか、収益の出る事業は何かといった情報交換をしています。社会起業家の集まりというような感じになっています。

**友添**　福祉やボランティアの世界に政治がソフトな介入をしてきて、ＮＰＯ法人ができる中で産業化が起こって、「いかに儲けるか」ということが重要になってくる。スポーツの世界では、「指定管理者制度」が導入されていきます。それまでとは違った現象がスポーツの世界でも起きてきました。小さな不正が至るところであり、それが集まって大きな不正になってしまうという現象が起きています。

**仁平**　日本のＮＰＯ論はアメリカの経営学の影響を強く受けていますが、アメリカの市民活動が経営主義に転換したのが80年代です。オリンピックも84年のロサンゼルス大会を機に商業主義へ転換したかと思いますが、まさに同じ文脈です。アメリカは当時、レーガン大統領のネオリベラリズムの時代で、福祉予算を削減していきました。それまでは公的な福祉予算の増大と共にＮＰＯに流れてくるお金でいろいろな市民活動もできていましたが、予算が大幅に減ってしまいました。そうなるとＮＰＯもマーケットに進出して、より収益性を上げなければいけなくなります。公的な活動するためには、まず収益性を考えないと自立できない。アメリカでＮＰＯ経営論が盛んになって、そこで学んだ人たちが日本でＮＰＯ法を制定するときに大きな役割を果たしています。おそらくオリンピックの商業主義化と共通した流れではないかと思います。

## １９６４年と２０２０年の東京オリンピック

**清水**　１９６４年と２０２０年の東京オリンピックとボランティアについて、どのようにお考えでしょうか。

**仁平**　オリンピックでは、大きく分けて大会運営のボランティアと都市ボランティアが求められてきたようです。64年東京オリンピックの時は、「公徳心」という言葉をキーワードにして、町の清掃や美化の活動が進められました。

**友添**　北京五輪の時にみられた「唾

を吐くな」とか「裸で町を歩くな」といった「恥ずかしくない国民たれ」というメッセージと同じですね。

**仁平**　そうです。敗戦から19年経っていましたが、「オリンピックを開催する国民たりえているだろうか?」という不安がありました。国を良く見せたいということが、「公徳心」という言葉に凝縮されていたのだと思います。たとえば、都の商工会が事前に外国人に聞き取りをし、「飲食店に入って困るのは、メニューがないので値段もわからない。まずは値段の入ったメニューを置いてほしい」という要望が出ると、すぐに改善の呼びかけが行われたりしていました。今では店にメニューがあるのは当たり前ですよね。64年の東京オリンピックは、高度経済成長のインフラ整備の大きな後押しになりましたが、文化的な面においても、いろいろなグローバルスタンダードを日本人が知るきっかけになったように思います。この時のボランティア活動は、トップダウン方式で行われました。たとえば、地域の顔役的な人が５５００人も「首都美化協力員」に任命され、地域の清掃活動の中心になることが求められました。町内会の仕組みがそのまま活用されていたのだと思います。２０２０年の東京オリンピックでは、都市ボランティアを公募していて、語学に堪能な人や国際交流してみたい人などを広く集めるような形になっています。また会場や選手村で誘導や案内、通訳などの大会運営に関わる有志も募集されます。64年の時は、通訳はまず語学のできる大学生を各大学に推薦してもらい、足りない分を一般から公募しました。これらはボランティアというより有償ですが、１０００人程度採用し、講習会で訓練しました。会場整理については日本体育大学が真っ先に手を挙げて、日体大が延べ１万１０００人、国士舘大学が延べ３５００人、日本大学が延べ１４００人、順天堂大学が延べ８５０人を動員し、会場整理にあたったということです。

**友添**　体育系の学部・学科を持っている大学ですね。

**仁平**　興味深いことに、当時の資料を読んでいると、「ボランティア」という言葉や「奉仕」という言葉は出てきません。「支援者」や「協力者」という言葉が使われています。２０２０年はむしろ「ボランティア」という言葉が前面に出ています。これは「ボランティア」という言葉が日本の社会で持つ意味の変化もあると思います。

**清水**　そうすると、ボランティアの意味という視点では、１９６４年と２０２０年の東京オリンピックでは、どのような違いがあるでしょう。

**仁平**　ひとつは、64年の時は地域集団が残っていましたので、首都美化運動についても、町内会的な枠組みを前提としながら、上からトップダウンで動員をかけられた時代でした。今はそれができないので、公募という形になっています。もうひとつは、64年の時には「戦後復興を遂げてオリンピックをできるまでになった」という〝物語〟がありました。しかも、外国人が自分たちの国に大勢やって来る。嬉しい反面、恥ずかしさもあって、「オリンピックにふさわしい国に見られるように、一致団結してやらなければいけない」という〝大きな物語〟があったのだと思います。今回はオリンピック招致の理念を問われても、思いつかない人が多いのではないでしょうか。「おもてなし」という言葉は目立ってはいますが、今回は大きな物語による動員力はないように思います。そうなってくると、「自分の語学力を試してみたい」や「大きなイベントに自分なりに何か参加してみたい」といった、〝個人の小さな物語〟を集積していくことになるのではないかと思います。

清水　諭氏

**友添**　64年東京オリンピックの時にはナショナルストーリーが描けていました。ところが、今はナショナルストーリーを受け入れる素地が個人の中にほとんどありません。そう考えると、64年のときのような組織だったボランティアはあり得ないのでしょうか。

**仁平**　個人の物語に結びつかないと参加しないという点では、その通りだと思います。阪神淡路大震災や東日本大震災の際には、純粋な思いで活動した人も多かったですが、同時に「この巨大な歴史的事件に自分も関与したい」という個人の物語から被災地に向かった人も多かったのではないかと思います。これは必ずしも否定されるべきことではありませんが、阪神淡路大震災の時は、個人の物語だけで被災地に行ってしまったがために、マネジメントがなくて混乱するという問題が起きました。その反省を踏まえて、その後ボランティアのコーディネーションの知識や技術がかなり進歩しました。東日本大震災の際は、ボランティアが大量に来るだろうということを前提としていて、混乱もありましたが、蓄積されたスキルが活用された部分も大きかったと思います。東京オリンピックでは、ボランティアのマネジメントの経験豊かな団体と連携し、その知恵を活かしていくことが重要だと思います。

**友添**　東京都、組織委員会、ＪＯＣの中で、どこがそのボランティアをマネジメントするのか、専門的な団体とうまくパイプを作れるかが重要ですね。

**仁平**　個人に目を向けても、東京にも東日本大震災でボランティア活動を経験した人はいると思います。しかし、震災のボランティアとオリンピックのボランティアとではまったく違うものとして受け止められているのではないでしょうか。

**友添**　今の段階ではそうかもしれませんね。

**仁平**　東日本大震災のボランティア活動に関心のあった人たちと、東京オリンピックのボランティア活動に関心のある人たちは、違う層なのかもしれません。

**友添**　スキルとかノウハウという点では近いものがあるのでしょうか。

**仁平**　そうだと思います。非常事態的にたくさんの人が集まる中で、個々のニーズにどう応えていくかというところでは共通性があると思います。

## スポーツにおけるボランティア

**清水**　１９９３年にＪリーグに開幕しました。各地域にフランチャイズができて、「ホームゲームを皆で盛り上げよう」というスローガンのもとに、地域住民がボランティアとして参加するという動きが出てきました。この背景からすると、スポーツのボランティアと震災以降のボランティアでは、それほど違いはないのでしょうか。

**仁平**　そう思います。被災地にボランティアに行く人の中には、「自分の特技を被災地の人に見せたいのでイベントがしたい」というアートやスポーツ関係の人たちがいます。そういった人たちとは共通性があると思います。今流行している〝フェス〟の中にも、「もっと手作りでやりたい」という若い人たちの自発性が前面に出たものもあります。そうすると、ボランティアという言葉は使わないけれども、自発的に公共的なものを組み立てることに関心を持つ人が増えているのではないかと思います。そこに「ボランティア」という言葉をはめてしまうと、彼らは引いてしまうかもしれません。

**清水**　イベント型、フェス型の活動に若者が流れる一方で、98年のNPO法制定以降にビジネス化、マネジメント化という流れも出てきわけですが、これらに関係性はあるのでしょうか。

**仁平**　公共領域と市場との境界が曖昧になってきたというのが、この20年の変化です。その曖昧な領域の活動が「イベント」化し、個々人の自己実現の物語と結びつくとき、大規模な参加が起こることがあります。一方で、冷めている人は冷めていますから、「公徳心」みたいな大義を打ち出すよりは、「オリンピックはフェスだ」みたいな方が響く人はいるかもしれません。

**友添**　イベント型の中には、広告代理店が入ってお金が動いているものもあります。スポーツのボランティアにおいても、業者が入って、ボランティア体験をお金で買うという仕組みになっている場合もあります。滞在費と参加費等を払って外国の子どもたちにサッカーを教えるボランティアに参加した学生がいました。体験してきた後に話を聞くと、「とても感動した」と言っていました。お金を払っていることについて尋ねると、「それは親に出してもらっているので、アルバイトをして返します」と言っていました。企業が斡旋してスポーツボランティアを行っていて、果たしてそれはボランティアなのかという思いもあります。

**仁平**　「ボランティア」という言葉を使わなければスッキリするかもしれませんね。

**友添**　スポーツとボランティアについて、競技団体が取り仕切る大会では、その競技をしている学生たちに「補助員」として手伝ってもらっています。補助員には最低限の日当は支払われるけれども、決してアルバイトの日当ほどでもなく、交通費程度だったりします。しかし、オリンピックという大イベントになる

友添秀則 氏

と、それでは成り立ちません。そうすると、「大会ボランティア」という表現で仕切ろうということになりますが、競技団体の役員がいつもの感覚でボランティアに対峙してしまうと、競技運営側と参加したボランティアの側の間に思いの違いがあって、トラブルが生じるのではないかという危惧を感じています。

**仁平**　思いの違いと、さらには文化の違いもあるのではないでしょうか。

**友添**　それは、「エートス（精神的な風土）」の違いと言っていいかもしれませんね。

**仁平**　はい。64年の資料を読むと、体育会系の学生は従順に誇らしげに役割を果たしている一方で、ハイヤーやタクシーなど輸送のために派遣された支援員からは、仕事量の多さや待遇の悪さに対する批判が出ていました。当時は労使紛争が盛んで、オーバーワークをやらせて労務管理がなっていないことは問題視されます。公徳心を掲げればついてくると思っている大会運営側との間には、エートスの面からして大きな違いがあるわけです。２０２０年の東京オリンピックにおいても、体育会系の学生で競技運営に慣れている人たちと、たとえば定年まで会社を務めあげた通訳ボランティアに携わる人たちとでは、エートスがだいぶ違うでしょうね。そこをマネジメントしていくときに、災害時は、「被災者のためですから文句など言わないでやってください」と言えたけれども、オリンピックの場合はどういう物語で意味づけていくかが問われると思います。「オリンピックを通して何を自分たちは訴えたいのか」というのがボランティアをマネジメントするときに重要になると思います。

## 何が残るのか

**友添**　東京マラソンは参加者も多いですが、競技補助のボランティアも多く集まります。走るためにエントリーしたけれども抽選で落ちてしまった人たちが、それでもボランティアとして大会に参加したいということで応募するそうです。ボランティアとして参加することによって、「自分は東京マラソンに参加した」という満足感を得ることができます。東京マラソンは参加者が増えています。一方で、地方には参加者もそれほど増えていないし、運営スタッフもなかなか集まらないし、公的補助もあまり得られないので、手弁当で参加している人たちに支えられているマラソン大会も多くある。東京マラソンにボランティアとして参加している人と、地方のマラソン大会に手弁当で参加している人たちとの間では、ボランティアに対する感覚が違うのではないでしょうか。

**仁平**　想像の域を出ませんが、東京マラソンに参加する競技補助の人たちは、ボランティア一般に関心があるというより、「東京マラソンという物語を共有したい」という思いが強いのではないでしょうか。個人の物語は、大きな物語と繋がって意味を与えられることがあります。東日本大震災のような大きな災害の時は急き立てられるように現地に向かうけれども、その後の他の災害には関心を示さないという人もいました。「重要なイベントに参加し、物語を共有したい」という意味では、東京マラソンの補助の人の気持ちも理解できます。

**友添**　スポーツには独特なところがあると思います。支援する側と支援される側が融合してしまう場合があります。支援しているのに支援されることもありますし、支援されているはずなのに、いつの間にか自分が支援する方にまわっていることがあります。大きなイベントになればなるほど融合が起こってくることがあります。

**仁平**　フェスに参加しているのと同じ感覚ですね。

**友添**　自分も構成員となって、イベントを創り上げる一人になっていくところがあると思います。日常的なスポーツイベントには無縁で、スポーツに関心のない人たちも、東京オリンピックには参加することがあるでしょう。大事なのは、「お祭りに参加した後に何が残るのか」ということではないでしょうか。それが問われなければいけないと思います。

**仁平**　同感です。ボランティアはかつて自発的でないとダメだと言われていましたが、やがて「やれば何かが残るのだから、きっかけは何でもいい」という言説が強くなり、定義が揺らいでいきました。そうすると、「では何が残ったのか」という問いが重要になってくると思います。同様に2020年東京オリンピックでは、ハード面のレガシーだけではなく、ソフト面のレガシーとして何が残るのかということに注目しています。

## ボランティアからの撤退

**清水**　地域の中の相互扶助型ではない、寄付や慈善的なボランティアが日本ではなかなか確立されません。このことは、今後も大きな課題だと思います。

**仁平**　誰がボランティアをしているかという問いにもつながってきます。ボランティアと社会階層の関係については「Kパターン」という学説がありました。それは「K」の字のように、豊かな人とそうでない人はボランティアへの参加率が高く、中間層は割合が低いというものです。裕福でない人は相互扶助型、階層の高い人は理念型の割合が高い。ところが、最近の傾向としては、階層の高い人の参加率が以前よりも低くなり、ゆとりある人が公共的な活動から撤退している傾向が見えます。海外では「ノブレス・オブリージュ（noblesse oblige：高貴なる者に伴う義務）」という規範があり、お金持ちほどボランティアや寄付をする傾向があります。日本においても、戦前には学校を建てる時やお寺に対して、地主などのお金持ちほど多く寄進する習慣がありました。戦後もその残り香みたいなものがあって、ボランティア活動も高階層の人ほど行う傾向があったのですが、2000年代に入ってその傾向が見られなくなってきました。

**友添**　それはどうしてでしょうか。

**仁平**　2000年代は格差が広がったと言われますが、単に経済的な格差が広がっただけでなく、お金持ちが公共的な活動から撤退していくという意味でも、社会の亀裂が広がったことを意味するように思います。近代以前の社会では生まれによって人生が決まりましたが、明治時代に、出身階層に関わらず優秀な人材を見出すために、他国に比べて平等な教育制度を作りました。戦後も出身階層によらない〝平等な競争〟という建前のもとで進学率が伸びていきます。しかし実際には、建前は平等でも、高所得層の子どもほど進学率が高い傾向があります。教育にかけられるお金や文化的な資源の違いが差を生み出すためで、生まれの不平等は今も残っています。その不平等は戦後のある時期までは、みんな体感的に知っていることでした。しかし物質的に豊かになるにつれ、〝平等な競争〟という建前の方がリアルになり、「自分は恵まれている」という感覚や「高貴な義務」という意識はリアリティを失います。ヨーロッパは階級という概念がいまだに可視的なところがあって、実態としては崩れていても、少なくとも問題意識としては残っています。日本は総中流意識が一度形成される中で、サブカルチャーの嗜好やライフスタイルもみんな似てきて、形式的な〝平等〟意識が広がる。金持ちやエリートも取っつきやすいという点ではいい面もあるのですが（笑）、出身家庭の影響ではなく、全て〝平等な競争〟の結果自力で得たものだと思っているので、自己責任意識が強く、社会に対して貢献しようという意識は低い。その結果として、高所得者がボランティア活動から撤退するという世界でも珍しい現象が日本で生まれてしまいました。

## 他者と付き合う技法

**清水**　60年代から2020年東京オリンピックに向けて、歴史を踏まえながら語っていただいたわけですが、ビジネス化されたり、お金を払ってボランティアをやるようになったりしている現在は、従来の〝ボランティア〟が終焉を迎えているのでしょうか。

**仁平**　ボランティア自身が費用を負担すること自体が悪いとは一概には思わないのですが、重要なのはその活動が何につながるかですよね。企業の金儲けにしかならないのは論外として、参加者が活動を通じて問題意識を持つようになれば「結果オーライ」という考え方もある。何を基準に考えるかで評価が違ってくると思います。昔は、無償であることが大事にされていましたが、近年は「無償型では人が集まらないし、収益性が見込めないとシステムとして回らない。システムとして回らない活動というのは、結局のところ社会を変えられないのだから、お金儲けを敬遠するのではなくて、上手くやっていきましょう」という考え方が強くなっています。この中で、昔のイメージの〝ボランティア〟は終焉しつつあり、様々な活動の形が生まれています。玉石混交の今の状況に対して、各活動を評価する目が肥えていないといけないと思います。その中で、オリンピックのボランティア活動についても、どういう意味があるのかという〝物語〟が問われると思います。それがはっきりしないいま２０２０年を迎えようとしているのではないでしょうか。

**友添**　下宿の隣に中国やタイから来た人たちがいて、彼らが何の仕事をしているか知らないけれども、気がつくと顔見知りになり、仲良くなって一緒にお酒を飲んだという学生がいました。エートスも文化も育ちも違うけれども、それを認め合った上で新しいコミュニティができてきている。そう考えると、「ボランティア」という言葉の意味も変わっていく可能性があるのではないでしょうか。もともと隣組からやってきた日本のボランティアが、国際化社会の中で違った意味を生み出していくかもしれませんね。

**仁平**　バブル期の人手不足を背景に90年に入管法改正が行われ、社会の受け入れ態勢がないまま外国人労働者が増えていきました。ある研究者は、「今の日本は多文化主義なき多文化社会になっている」と言っています。そのため不景気で労働力不足が解消されると、「ゴミ出しのマナーがなってない」などといった、外国人迷惑論が広がっていきました。今は地域によってはもう一段階進んで、「地域の高齢化が進んでいる状況では、むしろいてくれてありがたい」という所も増えています。対立を乗り越えて、共通のルールを創っている地域が出てきています。これからの日本では、外国人とお互いの文化の違いを乗り越えて、どう共通のルールを作っていくかが問われていくと思います。オリンピックで外国人が一時的に増える中で、〝他者と付き合う技法〟がより定着していけばいいと思います。64年の東京オリンピックの時は、「店にメニューがないと恥ずかしい」というような意味での表面的なグローバル化でしたが、今回は「ヘイトスピーチがあると恥ずかしい」「差別があると恥ずかしい」というような理念面でのグローバル化につながっていけばいいと思います。ボランティア活動についても、そこに寄与するようなかたちで、「いろいろな外国人と触れ合って、自分を問い直すきっかけになった」というような経験として残れば、それこそ「レガシー」になると思います。

**清水**　本日はありがとうございました。

# 「ボランティア」とその周辺
## ―関係性という観点からの考察―

原田隆司

ボランティア。この言葉は、20年余り前から一般に広まり、現在では日常的に使われるようになった。翻訳されずに、力強い音を含む片仮名で使われる。気軽に用いられる一方で、片仮名であるために多様な意味を込めることができる。「本来の意味」というものが説明されることも、活動に臨む際の心構えや姿勢が指示されることもある。筆者は、このボランティアを主題として考え続けていることもあって、これほど広く用いられる片仮名の言葉を他には思いつかない。その意味においても興味深い社会現象である。

本稿では、筆者がボランティアについて考える契機となった体験を紹介し、ボランティアを関係性としてとらえるという解釈を示す。そして、この観点から、現在の日本におけるボランティアとその周辺について考察してみたい。

## 1．関係としてのボランティア

### (1)災害ボランティア体験

ボランティアとはいったい何者なのか、何をする存在なのだろうか。筆者が避難所で「災害ボランティア」として過ごした7か月で突きつけられたのは、この極めて素朴な疑問であった。1995年に発生した阪神・淡路大震災の時のことである。筆者は、避難したのでもなく、避難所となった中学校の先生でもなく、行政の人間でもなく、ただそこにいて、あれこれやってみるひとりであった。「ボランティアさん」と言われたり、「原田さん」と呼ばれたりしていた。自分では「ボランティアみたいなもの」と説明していた。

数人のボランティアの考え方は様々であった。避難している人の中でも、よく話をする人もいたし、まったく関係を持つこともない人もいた。学校の先生でも、ボランティアたちと関わる人も、そうでない人もいた。ボランティアとして、避難所という現場において、いくらでもすることはあると思う一方で、今日でやめてしまってもいいのだと思うこともあった。振り返ってみれば、この不定形で自由な立場のままで過ごすことができたのは、ボランティアという呼称の故であったともいえる。

わずか7か月で避難所は閉鎖されてしまい、自分自身もボランティアではなくなった。それからは、自分の体験の意味を問う作業、つまりボランティアの意味を問うことが宿題として残された。

一般的な説明では、ボランティアとは自発的に無償で社会のために行う活動であり、その活動をする人も指すという。それでは、自分は7か月の間ずっと自発的に避難所に通っていたのだろうか。無償で活動していたのだろうか。自分がボランティアとして避難所で行ったことは、どういう社会的な意味があったのか。あれこれ考えてみたが、この説明は納得できるものではなかった。そして、筆者が探した範囲では、この説明以外のものを見つけることはできなかった。

自分はどうして7か月の間、あの活動を続けたのだろうか。自問は続いた。社会学を学ぶものとして参与観察の機会は貴重なものであった。それはそれとしても、あの避難所に通った要因は、ほかにもあったのではないだろうか。

校長先生、教頭先生は最初から学校の再開に向けて努力していた。校舎や体育館を避難所として提供しているのではあるが、そちらまで充分に手が回らない。責任は学校にあるとしても、筆者らのボランティアは、避難所の運営を少しは肩代わりできたのかもしれない。1か月、2か月と経過する中で、同じようにボランティアとして通う人たちと相談をして役割分担をし、一緒に避難所を運営している気にもなった。食べ物、飲み物、日用品などの仕分けをする、中学生や高校生の勉強を手伝う、あるいは廊下で立ち話をするだけでも、意味があったのではないか。

つまり、常に自発的であるかどうか、無償であるかどうか、全体として社会的な意味があるかどうかとは別の次元で、誰かが何かを求めている場所に行って、その人と一緒にあれこれと実践したということである。避難所でボランティアをしていた、と一括りにすることではなくて、一人ひとりに向き合い、その人と一緒に何かをして状況に対応した、ということである。指を折って数えられるほどの限られた人だけであったとしても、内容としては些細なことでも、その場で必要とされていることを一緒にやっているという実感を得ることができた。通い続けたのは、そういうことの積み重ねではなかっただろうか。そんなふうに考えるようになった。

たとえば、こんな場面が思い出される。阪神・淡路大震災は1995年1月17日の早朝に発生した。筆者は3日後の1月20日から、ある避難所に通いはじめた。3週間ほど経過した2月の初旬、避難しているXさんに廊下で声をかけられた。Xさんは、グループの代表として避難所を運営する会議に出席していて議論をすることもあったし、物資の運搬や仕分けなどを一緒にすることもあった。そのXさんから「明日からは、もう来ないの」と問われ、そんなことはない、ずっと来ますよ、と筆者が答えると、Xさんから「まあ、よかった」という返事が返ってきたのである。

200人以上もいれば、相手にしてくれない人、対立する人もいた。その中で、一緒に活動をする人がいて、その人が声をかけてくれて、明日からも来て欲しいと言ってくれたことは、7か月の中でも嬉しい出来事として思い出される。これは、避難していたXさんと筆者という二人の人間関係である。これまで会ったこともない他人同士の、その場限りの一時的な関係である。「Xさん」「原田さん」と名前で呼ぶしかない、肩書きも地位も伴わない生身の関係である。

つまり、ボランティアとは、最も単純にとらえれば、誰かと誰かが何か必要なことを行っていることだ、と解釈することもできるのではないか。それまで出会うこともなかった他人同士がひとつの活動を一緒にして、何か具体的な結果を生み出す。そういう人間関係として解釈することができるのではないか。この解釈は、自分が体験した7か月の「災害ボランティア」の説明として、自発性、無償性、社会性よりは格段に腑に落ちるものとなった。

関係性という観点からみれば、自発性や無償性、社会性は、ボランティア活動を「する側」の姿勢、しかも、はじめる前の姿勢を指しているにすぎない。どれほど意気込んで臨んだとしても、「相手」が受け入れなければ、何も始まりはしない。ボランティアとは、その先のことの方が重要なのではないか。誰かと誰かが何かを一緒にするところに本質があるのではないか。こうして、関係性という解釈を組み立てていった。

## (2) 関係として解釈する:「自発性」から離れて

ボランティアを関係性という観点から解釈すれば、理屈としては、より広い文脈の中に位置づけることになる。ボランティアを、他の人間関係、つまり身近な人間関係や企業、行政などの制度的な関係と同じ次元で位置づけて解釈するということである。

日常生活は、様々な関係から成り立っている。顔を合わせる関係としては、家族があり、近隣の関係がある。学校や仕事の場での人間関係も重要である。私たちは生活に必要なものの大半を商品として購入しており、企業が販売する商品を介して、顔を合わせるのではないが、数え切れないほど多くの人との関係がある。また、国や自治体などの行政機関も、私たちの日常生活を支えている。こうして、私たちは、家族、近隣といった身近な人間関係と、企業や行政などの制度という安定した仕組みによって、相互に支え合って日常生活を送っている。

これらの人間関係や仕組みが有効であるうちは、ボランティアという関係は生じない。安定した関係によって日常生活が支えられ、「問題」がなければ、別の関係は必要とされないからである。何らかの要因で、日常を支えてきた関係が破綻するか、あるいは、新しい関係が必要となる場合にだけ、ボランティアという他人同士の関係を求めることになる。

理屈としては、このボランティアという関係の発端は、新しい関係を求める側から声を出すところにある。誰か他人の協力により、つまり日常的には出会うことのない人と一緒になってでも何かを実現したい、という「望み」を表明するのである。その声に応じて、見知らぬ他人が、一緒にやってもいいと名乗り出れば、二人で活動をしてみることになる。相性もあるから、継続してできるかどうかは、やってみないと分からない。やってみてすぐに終わってしまうこともあるだろう。断続的に活動をして二人の関係が続けば、そこにボランティアという関係が成立するのである。

この関係は、他人同士の一時的なものに過ぎないので、続けることは目標とはならない。続けているからといって肯定的に評価されるということでもない。いずれ終えることになる関係である。日常の安定的な人間関係と制度の「隙間」を埋めるものにすぎないので、少しでも早く日常の人間関係によって担われるか、それができなければ、別の誰かが代わってボランティアという関係を継続することになる。

つまり、ボランティアという関係が生じるということは、そこに、安定した日常の人間関係や制度によって対応できない「問題」が生じていることを示しているのである。ここにこんな「問題」があることを示しつつ、誰かと誰かが他の方法ではできない何かを実現して、その「問題」に対処している。これがボランティアという関係の姿である。

先に触れたXさんと筆者との関係でいえば、自分のいる避難所を少しでも良い場所にしようと考えて行動しているXさんと、外から勝手にやってきた筆者との関係である。現時点で率直に記せば、避難所全体を運営するボランティアとして活動したのではなくて、自分たちも何とかしないといけないと考えて行動する人たちと、外から来た人間と関係であった。相互に相手を選んでいたのは確かである。

### (3)絶対的で排他的な関係

日常の人間関係と制度を前提として、それを一時的に補完する関係としてのボランティア。この図式は、先に触れたとおり、自分自身の体験を振り返った際に、一般的なボランティアの説明よりも納得できるものとなった。

それまで出会うこともなかった他人同士が一時的に何かを一緒にする。このように描くだけでは、大した関係ではないと思われるかもしれない。しかし、当事者にとって、この結びつきは切実なものである。ほかのどんな関係によっても実現できない、あるいはできていたものができなくなった、その時に結ばれた関係は、かけがえのないものである。どんな方法でも実現できなかったことが、他人が名乗り出て一緒にやってみて、完全ではないにせよ、実現できている。この瞬間は、目の前の相手との絶対的で排他的な関係である。理屈として突き詰めれば、そういうことになる。

「問題」が生じた時がボランティアという関係の発端であるが、これを当事者の側に引き寄せて言い換えれば、自分の「望み」を実現したいと声を出す瞬間である。他のどんな方法でも実現できないことを、誰か他人の素人でいいから一緒になって実現したい、と声を出すのである。災害などの突発的な場合には、声を出す状況ではないから、周囲の人間が代弁したり、外の人間が状況を察して現場に向かうことになるが、原理としては同じである。

より広い観点からみれば、ボランティアとは、そこに生じている「問題」を明るみに出すことである。誰かが「望み」を抱いているということは、日常の人間関係の「限界」、あるいは制度の「不備」を示しているということになる。それを当事者自身が誰かと一緒になって、たとえ完全ではなくとも、実現してしまうということである(1)。「望み」や「不備」を明るみに出すということは、制度や仕組みに対する異議申し立てでもある。単に異議を唱えるのではなくて、自分で何とか対応しようとしているのである。この延長線上には、既存の制度を改め、新しい仕組みができあがるという可能性もあるということになる。

そういう文脈で考えてみれば、ボランティアという新たな結びつきが実現するためには、他人同士が出会えるような状況と、自分たちの判断で自由に行動できるということが条件になる。互いに相手を選び、勝手に好きなように実践する。それは第三者の指示を超える場合もあり、誰にも理解されない活動となる可能性もある。日常の人間関係や制度に付随した制約や規範に制約されないことが、新しい人間関係を成立させる条件となってくる。行動の基準を当事者である二人に委ねてくれるような場でなくてはならない。その意味では、どこにでも同じように成立するのではないから、ボランティアとは不公平な関係でもある。

## 2.「ボランティア」とその周辺

ここまで、筆者の「災害ボランティア」体験と、ボランティアを関係性として解釈する試みを紹介してきた(原田、2010、2016)。次に、この観点から、現在のボランティアに関する状況について考えてみたい。

### (1)人間関係と制度の限界

関係性としてのボランティアという観点からすれば、まず気がつくのは、家族や近隣などコミュニティによってなされてきたことが、次第にボランティア活動に置き換えられているということである。

伝統的なコミュニティの衰退は、ずっと以前から生じていたことである。それが果たしていた機能は、一方では、企業がモノやサービスを商品として提供することで担い、他方では、行政によって対応されるようになってきた。しかし、企業は採算に合うものでなければ商品化することはできないし、行政の施策にも限界がある。「利用」する側としても、企業のサービスには費用を払わなければならない。行政によって対応する場合には、その範囲を広げれば広げるほど、コストの問題は深刻になっていく。

それを肩代わりする手段として、ボランティアは使いやすいのかもしれない。しかしながら、ボランティアとは、どこまでいっても一時的なものに過ぎない。どこかで誰かが声を出して相手を求めるところから始まるものであり、うまくいくかどうかも分からない。行政の施策のように一律でもなく、公平でもない活動である。安定的に機能して、社会の制度的な部分に組み込まれるような関係ではない。反対に、家族や地域、あるいは企業や行政の側が、どうすればボランティアが一時的に担っている役割を取り戻すことができるのか、ということが問われる事態なのである。それができないとすれば、新たに安定した仕組みを作り上げる必要がある。

以上が、関係性としてのボランティアという観点からみた、ボランティアをとりまく現状について、第一に指摘したい論点である。

### (2)自発性、無償性、社会性の位置

第二の論点として取り上げたいのは、自発性、無償性、社会性という一般的なボランティア理解の位置づけである。

筆者は、自発性や無償性、社会性というボランティア活動を「する側」の姿勢や意思だけを取り上げる説明に違和感を覚えてきた。それは、繰り返しになるが、自分自身の体験を充分に説明できなかったからである。

関係性という解釈をするなかで気づいたのは、自発性、無償性、社会性は、私たちが関わる人間関係や活動のすべてに含まれるということである。学校などでの勉強や、職場での仕事も、自発性が伴う活動であり、無償性の側面もある。同じことは、家族や近隣との関係、あるいは友情などについても言える。社会性に至っては、とりわけ社会学の観点からすれば、およそ人間の行うことは社会性を帯びている。その意味において、自発性、無償性、社会性は、ボランティアを他の行動と区別する指標としては有効ではないだろう。ボランティア活動で得た自発性を他の活動に生かすという理屈も、ボランティア活動と比較して、それ以外の活動を二義的なものと判断することになってしまうと考える。

筆者には、現状では「ボランティア」側の自発性や社会性だけが脚光を浴びているように思われる。その結果、関

係性の図式でいえば、「望み」を実現したいと声を出す当事者の気持ちや状況は充分に考慮されず、両者が関係を築くという本質の部分がみえてこない気もしている。

### (3)「ボランティアで」「社会貢献」

筆者は、以上の2つの論点の背景には、より広範な状況の変化があるのではないか、と考えている。

「ボランティア活動」が急速に一般化したことで、ひとつ一つの活動の中身ではなくて、その呼称だけが多用されるようになったことである。子どもから若者、就業している大人たち、そして退職後のシニア世代まで、だれもが行うことができ、それは無条件に素晴らしいことであるとされる。難しい理屈は別にして、「求められている」ところで、指示されたとおりの活動をすれば、「相手」にとっては「ありがたい」ことであり、「ボランティア」の側にとっても、「自発性を身につける」「社会に触れる」、あるいは「元気をもらう」といった肯定的な結果をもたらす活動になる。筆者は、そういう時代になっているように受け止めている。調査などで使用される「ボランティア活動」の定義として、「仕事、学業とは別に地域や社会のために時間や労力、知識、技能などを提供する活動」というものがあるが、この定義にも合致する。その結果、仕事や勉強の方は二義的な位置づけになってしまう。こうした風潮を利用しようとする側からすれば、あまりコストをかけずに人を動員できる、つまり「ただで」何かをする手段として、有用なものにみえているのかもしれないとも考えられるのである。

こうして「ボランティア」という呼称が一般化し、ボランティア活動が様々な機能を担わされるようになった。そして、「ボランティアで」という表現が日常的に使用されている。「ただで」と言ってしまうと、お金をもらわずにという意味だけになり、親切やマナー、あるいは善意などと同じになってしまうが、「ボランティアで」と言えば、自発性という意味が込められる上に、語感も力強いものになる。これだけ広い意味合いで使われると、たとえばチャリティ(慈善活動)などとの違いも明確ではなくなる。

さらに、近年は「社会貢献」や「地域貢献」という表現も頻繁に使われる。ボランティア活動はもちろんのこと、企業の活動や日常のことにも用いられている。ボランティアの特徴とされる「社会性」よりも「社会貢献」のほうが耳ざわりがよいからであろうか。人間を社会的な存在として捉える社会学の立場からすれば、こういう平板な言葉が、私たちのあらゆる活動を一括りにしてしまうことに、違和感だけでなく、ある種の不安を感じる。かつて「奉仕」という言い方が多用され、それを避けて「ボランティア」という片仮名が使われてきた経緯がある。その後に、この「貢献」という表現が多用されている。

## (4) パターン化とマニュアルによる支配

繰り返しになるが、気軽にできる活動、あるいは気軽にした方がいい活動としてボランティアが広がっていくと、誰かによって誰かが動員されるという事態が生じることも懸念される。そのことに、「参加者」である「ボランティア」たちは、気づきもしないということにもなるだろう。別の言い方をすれば、ボランティアという関係が制度のなかに組み入れられることになってしまうということである。

この20年の間に、災害に際しても、受け入れや派遣の仕組みが整えられてから「ボランティア」が活動するようになっている。１９９５年の阪神・淡路大震災と２０１１年の東日本大震災のボランティア活動を比較する研究では、そうした変化が指摘されている。

まず、東日本大震災の際に活動したボランティアの数が少なかったとされ、その数え方の問題が指摘されている（三谷、２０１３、関、２０１３）。筆者は、そもそも人数の多少で評価することに疑問を感じるのであるが、それはさておき、この2つの震災において、ボランティア活動の様子が変化したようである。山下祐介は、95年には「各地に集まった人々」による「手作りの活動」からボランティア活動が始まったと述べている。これに対して、11年では、早期から社会福祉協議会の設置したセンターが全体を覆い、既存のネットワークも機能して、各地からボランティアを送り込んでいった。そして、95年にみられた状況ごとに対応する「新たな活動領域の形成」というものが、11年には見られず、活動の内容も「物資の配達、食事提供、がれき撤去」などにとどまり、ボランティア活動の「パターン化」が進んだという。山下は、それが一概に問題ということにはならないと述べつつも、「市民ボランティア」というものが「自らの領域を確立して、市民活動システムともいうべきものを形成してしまっている」と指摘している（山下、２０１３：２２３-２３３）。渥美公秀も、東日本大震災の際には、ボランティアに行こうと考えた人たちも、「マニュアルに支配され、秩序・体制に組み込まれてしまった」と指摘している。「災害ボランティアそのものが目的化する」ことになり、「秩序に沿ったボランティア活動を展開することが目的となり、被災者がどこかに忘れ去られてしまう」

という懸念を示している（渥美、２０１３：２３６）。

## 3．広い視野で捉える

改めて、ボランティア活動を、身近な人間関係や制度と同じ次元に位置づけて、広い視野で捉えてみれば、簡単に割り切れるものではないということができる。関係自体が成立するのも微妙であり、継続していても不安定なものであり、身近な人間関係や制度との関わりも単純ではない。阪神・淡路大震災における筆者の体験でも、自分たちが避難所の運営の一部を担ったとはいえ、学校や行政との間で判断が異なることも多々あったし、避難している人たちの考え方も様々で、一貫した方針など立てることもできず、状況の変化に応じて、その時々の判断でしていたにすぎない。今振り返ってみて、率直に言えば、あの震災全体についてはおろか、ひとつの避難所に限ったとしても、より広い視野でみれば、全体として「ボランティア活動」が「役に立った」のかどうかを判断することは容易ではない。

ある炊き出しのことを振り返ってみたい。2月の上旬、学校の授業が再開されたのちに、ある団体からの炊き出しを受け入れた。昼休みとはいえ、学校のグランドで携帯マイクから自分たちの団体の活動を宣伝する大きな声が、体育館の中まで聞こえてきた。事前に交渉をして、学校の了解も得て、来てもらったのではあるが、結局は団体の方が自分たちの都合で日時を決めてやってきたにすぎない。予定の食数が終わるとすぐに帰っていったが、満足感を抱いていたことだろう。

この人たちは、こちらのことをどこまで知っていたのか、あるいは、知ろうとしたのだろうか。具体的に言えば、この避難所の前日までの状況をどこまで知っていたのだろうか、翌日からのことをどこまで想像していたのだろうか。

避難している人たちからは、この炊き出しについて、特別な反応がなかったことも確かである。もう少し早い時期であったが、連日のように炊き出しが続き、避難している人たちからは、豚汁は飽きたので別のものがいい、という希望が出たことがある。半ば冗談だったとしても、筆者は率直な気持ちだと思った。筆者は、炊き出しを実施する交渉をいくつもしたのであるが、日時と食数を詰めるだけで、メニューまで相談したことはほとんどなかった。提供する側は、自分たちが作りやすいもの、配食しやすいものを持ってくると決めていたようだ。それは分かる。しかし、食べる側として、昼食として毎日毎日同じものが出るのは、どうだろうか。

炊き出しに来る側は、避難所の周囲の状況まで考えることがあっただろうか。いくつかの飲食店やスーパーが営業を再開したことは知っていたのだろうか。知っていても来たのだろうか。たとえ一食だけとはいえ、無料で食事を提供することが、その近くのお店に影響することまで想像してほしい、というのは酷なことであろうか。それは間に立って交渉する筆者たちの仕事だったのだろうか。筆者は、その頃、カップ麺など日持ちがして運搬も容易な食品がどこかに保管されていて、避難所が希望すれば運んでくれるという方法や、メニューから選べる炊き出しなどがあればいいのに、と勝手に想像していた。

避難した初期には、温かい食べ物を食べたいという切実な状況があり、少し落ち着けば、ゆっくりとおいしいものを食べたいという気にもなる。それは容易に想像できるだろう。ごく少ない人数でしかなかったが、温泉に招待するという申し出があり、自分たちだけが行くのは申し訳ない、という複雑な思いを抱きつつ、参加した人がいた。また、近くの避難所ではステーキが出されたこともあった。日常の生活に戻りつつある状況で、避難所にいる人にだけ炊き出しがあるということについて、近隣の人たちから不公平だという意見も伝わってきた。

周辺の地域で経済活動が再開されつつある時に、無料の炊き出しをいつまでするのがいいのだろうか。それを判断するのは容易ではない。数時間だけ滞在して炊き出しをして帰る側は、満足感や達成感を得るだけで、誰にどのように受け止められた活動だったのか、避難している人たちだけでなく、周りの様々な立場の人の受け止め方まで考えることはなかったであろう。

関係性の図式という観点から思い返せば、あの炊き出しは、そもそも現場の状況からして求めるものではなかったし、当事者の切実な「望み」から発した声を根拠とするものではなかった。また、当然のことながら、当事者と外から来た人との結びつきも生じなかったということになる。

しかし、こうした少し広い視野からみることなく、現在の一般的な理解からすれば、自発性に満ちた無償の活動であるというだけの狭い意味において、あの炊き出しも「ボランティア活動」と呼ばれるものであったのだろう。

## 4. 誰の「望み」なのか

ここまで述べてきたように、筆者は、自分の体験を手がかりとして、ボランティアというものを、自発性や無償性など「する側」の姿勢によって捉えるのではなく、何かを求める当事者と、それに応じる他人との関係性として解釈している。

この関係性という観点から突き詰めていくと、現在行われている一つひとつのボランティア活動について、その現場のことが気になってしまう。当事者が求める「望み」が出発点になっているのだろうか。それに応じて一緒にしようとする他人との直接の結びつきがどの程度あるのだろうか。そもそも、日常の手段では実現できないことをしているのだろうか。そうだとすれば、本来はその活動を担うはずの日常の人間関係にどのような「問題」が生じているのだろうか。あるいは、制度にどんな「不備」があるのだろうか。これらの疑問は、筆者が関係性という観点からみているので気になるだけで、単に数多くの「ボランティア」が活動をしたというだけの文脈では、疑問にならないのかもしれない。理屈ではなくて実践が大切だという風潮であるとすれば、なおさらのことである。

また、一刻も早く日常の人間関係や制度で対応すべきものだという解釈からは、ボランティア活動の終わり方も課題であると考える。筆者の体験でも、いつまでいるべきなのかは容易に判断できなかった。極言すれば、そもそもはじめから必要な存在だったのかどうかも明確ではない。ボランティアとは、あるほうがいいとは断定できないもの、あってもなくてもいいもの、ということもできるのではないだろうか。

２０１１年の東日本大震災に関する議論で触れたように、ボランティア活動が制度の中に組み入れられてしまうことになれば、参集した「ボランティア」たちは、誰に向けて活動をするのであろうか。当事者が「望み」を声に出して誰かを求めるのではなくて、あいだに位置する個人や組織が「動員」しているにすぎないということはないだろうか。そうなれば、「ボランティア」たちは、説明会やマニュアルなどで指示された内容と手順で作業をするだけになるだろう。そこには、当事者と「ボランティア」とが手探りで何かを実現するような過程があるのだろうか。

「ボランティアで」とか「社会貢献」という言い方が広まることで、ボランティアというものが単純に受け止められるようになっている。これが、関係性として解釈する筆者の立場からみた、ボランティアとその周辺に関する現状である。どれだけの人数が「ボランティア」として参加するのか、ということばかりが注目されている。それよりも、一つひとつの活動が誰の「望み」を根拠として行われるのか、他の方法ではできないとすれば、それはどうしてなのか、と視野を広げて捉えることも必要ではないか、と考えている。

（甲南女子大学）

【註】

(1) たとえば、障害者が自立生活を送ろうとする際に、ボランティアという関係性は切実なものであり、その背景には、人間関係の「限界」や制度の「不備」がある。こうした現実が、丹念な取材をもとにした作品で詳細に描かれている（渡辺、2013）。

【文献】


渥美公秀（2013）『災害ボランティア：新しい社会へのグループ・ダイナミックス』弘文堂。

原田隆司（2010）『ポスト・ボランティア論：日常のはざまの人間関係』ミネルヴァ書房。

原田隆司（2016）『震災を生きぬく：阪神・淡路大震災から20年』世界思想社。

三谷はるよ（2013）「ボランティア活動者の動向：阪神・淡路大震災と東日本大震災の比較から」桜井政成（編）『東日本大震災とNPO：市民の力はいかにして立ち現れたか』ミネルヴァ書房。

関嘉寛（2013）「東日本大震災における市民の力と復興：阪神・淡路大震災／新潟県中越地震後との比較」田中重好・船橋晴俊・正村俊之（編）『東日本大震災と社会学：大震災を生み出した社会』ミネルヴァ書房。

渡辺一史（2013）『こんな夜更けにバナナかよ：筋ジス・鹿野靖明とボランティアたち』文春文庫。

# スポーツボランティアとは？

## ―スポーツの「裏方」を楽しむ―

二宮雅也

### 多様なスポーツへの関わり方の一つとしてのボランティア

女子ゴルファーの勝みなみ選手は、今年プロテストに合格し晴れてプロゴルフ選手となった。その勝選手は、「日本女子プロゴルフ選手権大会コニカミノルタ杯」において、大会運営の裏方を体験した。これは、プロテストに合格した選手が、大会を支える仕事を経験することを通じて、いかに多くの人に大会が支えられているのかを学習することを目的に、「ルーキーキャンプ」の一環として行われている。参加した勝選手は、「いつも仕事をやってくださっているボランティアさんのありがたさもわかります」とコメントしている(1)。私たちの身の回りにあるスポーツ環境は、実に多くの人の支えによって成り立っている。そして、そうした支えを自発的に行う人（活動）を「スポーツボランティア」と総称している。

今日、インターネットの検索サイトで「スポーツボランティア」とキーワードを入れると、実に様々な内容がヒットする。Jリーグやプロ野球等のエリートスポーツをはじめ各種スポーツイベントをサポートする活動、総合型地域スポーツクラブ等の日常的なスポーツ環境のサポート、障害者スポーツのサポート、健康づくり等のサポート、そのほか審判やスポーツ指導等、その内容は多岐に及ぶ。また、スポーツ選手が自ら活動を行うアスリートボランティアもある。

スポーツボランティアは、国内では１９８５神戸ユニバーシアードにおいて、初めて組織的に募集され活動がなされた。これは、スポーツイベントにおいてボランティアとして明確に募集運営がなされたという意味で、最初の事例だったといえる。この後も、国内で開かれた大規模スポーツイベントにおいて、様々なスポーツボランティアが活躍した実績がある。特に、長野１９９８冬季オリンピック・パラリンピックや２００２ＦＩＦＡワールドカップでは、万単位のボランティアが活躍した。また、アテネ２００４から、オリンピック・パラリンピックにおける大会ボランティアにおいて、開催国以外からもボランティア募集がなされるようになったため、我が国からも海外でボランティアとして活躍する人も出てきた。また、２００７年から開催されている東京マラソンでは、毎年1万人を超えるボランティアが活躍し、現在では抽選で当選しなければボランティアとして活動ができないほどの人気になっている。

スポーツボランティアの魅力は何か。動機は様々かもしれないが、段々とその「裏方」の面白さに惹かれていくという側面がある。私たちが日常生活を送る中で、裏方の存在は欠かせない。普段気がつかないことにも、あらゆる裏方の存在があり、そのお陰で毎日の生活が成り立っている。裏方には困難を極めるものもあるが、裏方にしか体験することのできない世界も存在する。ベテランのスポーツボランティア実践者の中には、「困難な局面を乗り越えれば乗り越えるほど活動が面白い」とまで語る人もいる。

スポーツイベントに限らず、コンサートや祭り等、催し物には必ず裏方（イベントスタッフ等）が存在する。確かに、これらの多くはボランティアではなく、アルバイトによって担われることが多い。大学生にもイベントスタッフのアルバイトは、人気が高いのも事実である。学生になぜイベントスタッフをやるのか聞いてみると、「仕事はキツイけど、好きなアーティストを間近で観ることができるから」など、裏方でしか経験できないことに価値を置いているようである。もちろん、裏方を専門の仕事（労働）とする人もいるだろう。しかし、地域で開催される祭り等、有志が集まり自主的な準備から成り立つものもある。

東京マラソンでは、マラソン当日の3日前から「東京マラソンＥＸＰＯ」が開催される。このＥＸＰＯはナンバーカードを引き換えに来る日本全国及び海外からの3万6千人のランナーを含め、10万人以上が訪れる日本最大のランニングのトレードショーである。ここでも多くのボランティアがその運営を手助けしている。以前、EXPOボランティアにインタビューした際に驚いたことがある。それは、マラソン当日はランナーとして走るので、前日まで開催されるEXPOボランティアをしているというのだ。まさに東京マラソンを通じて、スポーツをすること、支えることの両方を楽しんでいる。もう一つ疑問に思って質問したのが、EXPOのボランティアは受付等が中心で、あまり面白くないのではないかという視点だ。答えはNOであった。受付の時にランナーとコミュニケーションをとることや、最後のランナー受付者をボランティアがアーチを作って見送るなど、自分たちで工夫しながら会場を訪れたランナーや観客との関係性を構築し、どうすれば空間が楽しくなるかを考え実践しているそうである。

このように、スポーツイベントなどでは、活動が成熟すればするほど仕事内容を客観的に捉え、必要な仕事をマニュアルではなく、その場その場の状況判断で行うことができるようになる。そういったボランティア参加者の主体的（自主的）な関わりを活かした運営がイベントの質を向上させるのであり、同時にスポーツボランティアに主体性（自主性）と楽しみを持たせるわけだ。これは明らかに、与えられた業務をこなし賃金を貰うアルバイトとは異なる行為形態であり、また、単なる無償労働でもなく、まさに裏方を楽しむ主体性を持った行動である。

スポーツボランティアは、スポーツへの多様な関わり方の一つとしても理解されている。つまり、スポーツ実践の一つであるわけだ。だからこそ、スポーツボランティアを通じた自己実現の側面はまさに重要である。これは、遊び（プレイ）の要素を持つスポーツ活動を対象とするボランティアであるからこその特性であり、そこには、他のボランティアとは少し違った独特のニュアンスが生まれるものでもある。

## 教育コンテンツとしてのスポーツボランティア

volunteerの語源の一つが、自由意志を意味する「voluntas（ウォランタス）」である。歴史的には、生活環境の安全を守るための「自警団」への「参加者」を意味していた時期もあり、騎士団や十字軍などの宗教的意味を持つ組織もボランティアとされている。イギリスのカンタベリーにある大聖堂には、空襲時にボランティアが率先してバケツやスコップで砂を運び、焼夷弾から燃えそうになった聖堂を守ったことを称える石碑もある。

筆者が大学生であった1997年にロシア船籍タンカー「ナホトカ号」の重油流出事故が福井県で発生した。この時、私は授業期間中であったにも関わらず、大学の講義を休み災害ボランティアとして現地へ向かった。インターネットが発達していなかった当時は、出発前に電話で状況を確認しながら現地での活動場所を検討し、宿の確保や交通の確認を行い、事前に準備した活動用具を持って現地へ向かった。そして、活動を終え大学に戻ると、授業を休んだということで授業担当教授からお叱りまでいただいたのが当時の記憶である。しかしながら、今ではこうした一つひとつの経験がとても良いボランティア学習だったと実感している。

1995年に発生した阪神淡路大震災以降、社会福祉協議会を中心にボランティア・エージェント（中間支援組織）が作られた。さらに、2011年の東日本大震災時には、各旅行代理店やNPO法人等がこの中間支援組織の役割を果たし、様々な人がボランティアをしやすくなるよう、工夫されたツアー等が企画運営された。さらに、全国各地の大学にはボランティアセンターが設置され、学生のボランティア活動支援が盛んになっている。確かに、こうした取り組みは、これまでボランティアに縁遠かった人がボランティアを身近に感じることに貢献したのかもしれない。ただ、その一方で、ボランティアを実践するまでの苦悩を学ぶことは少なくなった。ボランティアを実践するに到るまでの学習が簡略化されているのである。

また、大学生が行うボランティア活動全般について、文部科学省が積極的に奨励するようにもなっている。同省から出された「東北地方太平洋沖地震に伴う学生のボランティア活動について（通知）」では、ボランティア活動のための修学上の配慮として「ボランティア活動参加者に対し、補講・追試の実施やレポートの活用による学修評価、休学した場合のきめ細かな履修対応などを通じ、学生がボランティア活動に参加しやすい環境作りに配慮すること（2）」とされている。ただ、こうした条件整備には疑問も存在する。例えば、ボランティア活動が推奨され、それを通じた単位認定が可能になった時、ボランティアの本質である自主性をどこまで担保できるのであろうか。具体的には、大学の授業をはじめとする教育プログラムとボランティアが一元化された場合、そのプログラム終了後や単位取得後にどれだけの学生がボランティアを継続するであろうか。

こうした状況は、東京2020オリンピック・パラリンピック競技大会組織委員会が、全国の大学・短期大学と連携協定し、ボランティアとしての人材を期待する動きとも合わせて考えなければならない。すでに、順天堂大学や早稲田大学、亜細亜大学では、独自にスポーツボランティアを学び実践する科目を立ち上げている。また、他の大学においても、スポーツボランティアを育成するための講義やセミナーを相次いで設けている動きもある。

確かに、全国の大学生がボランティアとしてオリンピック・パラリンピックへ積極的に関わるための必要な知識などを、大学の授業等を通じて教育することは、人材育成の面からしても必要なことである。また、「ダイバーシティ&インクルージョン」の観点からも、ボランティア教育は汎用性が高い。特に、外国人や高齢者、障がいのある方もボランティアに参加することを前提とするならば、ボランティア同士の多様性理解と、サービス提供者への多様性理解の促進等が期待される。同時に、スポーツボランティアの育成は全国のスポーツイベント、スポーツ実践を支える重要な人材であることも忘れてはならない。それ故、2020東京大会が終了すると同時に、一度構築されたスポーツボランティアの養成やそれに関連する授業などが終了することは、スポーツのもつ文化的側面からもぜひとも避けたいものである。

2020東京大会へのボランティア派遣のみが目的となってしまえば、その教育内容も含め、スポーツボランティア領域が限定的になってしまう。オリンピック・パラリンピックというメガイベントを前に、ボランティアの本質を踏まえ自立したスポーツボランティア教育が今まさに重要である。

## 若者の声に耳を傾ける
### ：東京大会ボランティア育成の意義とは？

笹川スポーツ財団が実施した「スポーツライフに関する調査」によれば、東京オリンピックでのボランティア実施希望の推計人口は1084万人、パラリンピックでは967万人に上るそうだ。もちろん全国の18歳以上の人口をベースに推計したものであるので、地方別には大きな差異があるかもしれない。しかし、この結果の興味深いところは、年代別では18・19歳の実施希望が最も高く28・4%、次いで20歳代が17・0%と、若い年代ほど希望率が高いということである(3)。オリンピック・パラリンピックにおけるボランティアに彼らは何を期待しているのであろうか。

新聞の投書欄に２０２０東京大会に関するボランティアに対して大学生の声が掲載された。22歳の彼女は、大学で語学（中国語）を学んでいるそうである。組織委員会が示したボランティアの応募条件を見て、求める水準が高いと同時に、交通費や宿泊費の自己負担を強いるというのはボランティア軽視ではないかという文脈である(朝日新聞、２０１６年7月22日朝刊：37)。他の学生からも「派遣なら時給１４００円はもらえる」等の意見も出されている(朝日新聞、２０１６年8月6日朝刊：14)。

確かに、組織委員会や都が示しているボランティア応募条件は、大会ボランティアで10日、都市ボランティア５日の活動が求められている。それ以外にも、事前にあるボランティア研修に参加しなければならない(4)。8月から9月の平日を中心に開催される大会期間中に、これだけの時間を割くことのできる人がどれだけいるのだろうか。

総務省が実施している「社会生活基本調査」では、25～29歳のボランティア活動率が最も低い結果になっている(5)。この背景としては、労働環境の問題とともに、経済的にもボランティアに参加できる余裕がある生活を送ることのできる若者が減ったこともその要因として考えることができる。つまり、ボランティアを実践するには時間的にも経済的にもそれなりの余裕が必要なのだ。

ましてや、２０２０東京大会のボランティアは、まとまった日数の活動が必要とされる。また、地方から参加したいと考えているボランティアには、宿泊費、交通費も上乗せされる。事前の研修日まで考慮すれば、自主的な気持ちがある人の中でも、限定的な人しかボランティアに応募できないことになる。大会本番を前に、いくら大学等でボランティア教育が展開されたとしても、実際にはある特定の条件を持った人々に有利な状況になっているのではないだろうか。

社会学者のＰ・ブルデューは、「趣味」を個人や集団が、自らの慣習行動によって卓越性を顕示しようとするものとして捉えた。具体的には、資本を所有し、物質的生活条件に恵まれた人々は、趣味を固有のものとして自由に選択することが可能であるが、その他の人は与えられた生活条件に自らを適合させる（受け入れざるを得ないもの）として趣味を選択しなければならないということである。このように考えれば、ボランティアの選択にも、こうした理論が(6)当てはまるのかもしれない。オリンピック・パラリンピックボランティアとは誰のものなのだろうか。

その一方、大学生も声を上げている。ボランティアの授業を受講するのは単位目当て、オリンピック・パラリンピックでの経験を、就職活動に活用したいと。また、大会組織委員会は、前期の試験期間と重なるオリンピック大会期間中、連携大学に試験日程を配慮してもらい、ボランティア活動に参加しやすくすることを検討しているそうだ(6)。2020東京大会のボランティア育成に関する本質的意義について、教育機関はもっと向き合わなくてはならないだろう。

## アドボカシー、スポーツボランティア
### ：誰が声を上げるのか

2017年9月3日に日本サッカー協会で開催された「スポーツボランティア・ラウンドテーブル2017〜スポーツボランティア for the future〜」では、新潟を拠点に活動する「NPO法人アライアンス2002」の実践発表がなされた。2002年に発足した当NPOは、「サッカーフットボールの啓蒙、実践及び奉仕に関する事業を行い、新潟県におけるサッカーフットボールの定着、振興およびサッカーフットボール文化の向上に寄与すること」を目的として活動している。活動報告の中で、2002年6月30日に新潟スタジアム・ビッグスワンで行われた「CPサッカー韓日親善試合」について触れられた。

2002日韓W杯最終日の6月30日、横浜スタジアムでは「ブラジル対ドイツ」の決勝戦が行われた。それと同じ日に、新潟スタジアム・ビッグスワンでもう一つのワールドカップとして「CPサッカー韓日親善試合」が開催されていたのをご存知だろうか。CPサッカーの「CP」とは英語の「Cerebral(脳からの)」「Palsy(麻痺)」の略であり「脳性麻痺」を意味する。1984年よりパラリンピック正式種目となったが、2020東京パラリンピックでは競技種目から外されている。

このイベントが開催されるまでの道のりは平坦ではなかったようだ。キーパーソンは、大橋佳介氏。大橋さんは、脳性まひで右半身が不自由でありながら、1996年に健常者と障害者が一緒にプレイできるチーム「PALRABOX」を設立し、サッカーを実践してきた。そして、CPサッカー日本代表チーム設立の夢を抱き続け、日本全国に仲間を募り、時には日本サッカー協会に乗り込み、多くの人の賛同と協力を得ながら「CPサッカー韓日親善試合」が

実現したそうだ。この試合の主催を務めたのが、CPサッカー韓国戦開催実行委員会（NPO法人アライアンス2002）であった。

また、新潟ではボランティアによって様々な観戦環境が構築されている。たとえば「病院内ビューイング」は、病院に入院されていてスタジアムで直接観戦することが困難な患者に、試合が観戦できる環境を創出し、サッカー観戦を通じて活力を感じていただこうと企画されたものである。サポーター有志の活動を母体として、新潟大学医歯学総合病院、スカパーJSAT株式会社、新潟大学アルビレックスプロジェクト、そしてクラブが協力して実現に至ったそうだ。会場には、病院に入院されている患者やその家族を中心に100名近くが集まり、試合前には選手からのビデオメッセージも放映されたそうである。アルビレックス新潟の選手が得点を重ねると、会場は大いに盛り上がり、患者と病院スタッフがハイタッチをして喜びを分かち合うなど、普段は距離感のある病院関係者と患者のコミュニケーションも促進されたそうである。こうした新潟におけるボランティアの活動は、スポーツをメディアとしながら、様々な人たちを結び、叶えることの難しい状況を克服し、社会に隠れている問題を提起した。こうした活動の中に、スポーツボランティアが主体となった市民社会の可能性を見出すことができるのではないか。

そもそも、各分野に拡がるボランティア実践には、「これはおかしいな」「どうしてそうなるのか」といった疑問にぶつかるだけでなく、「こうすれば、もっと良くなるのではないか」ということを行動で示すことが可能である。それは、賃金をベースとして雇用関係に集約される労働と異なり、様々に課題を主張し、解決に導くことができるボランティア実践の特性であり、アドボカシー（代弁）の論理にかなっている。特に、社会や体制を変革していくシステムアドボカシーに対する期待は大きい。しかし、現代のボランティアには、こうしたアドボカシー的な要素があまり感じられない。それは、実践そのものへの価値が高まり、ボランティアが果たす社会的な機能性への注目が薄れているからかもしれない。

ボランティア原則の一つに「先駆性」がある。これは、ボランティア活動が既存の社会システムや行政システムに存在しない機能を創造的な自由な発想で補完するという役割を担っている。ボランティア自身が実践を通じて遭遇する様々な出来事や現象に敏感に反応する感性こそ、新しいボランティアフィールドを構築する重要なファクターである。義務や強制ではないボランティアだからこそ、前例のない先駆的な取り組みを生み出すこともあるのだ。新潟のケースのように、それはスポーツボランティア場面においても展開が可能なのである。

## スポーツボランティアの未来
### ：支配的な諸力と交渉する力の源へ

1993年に開幕したJリーグは、現在J1を頂点にJ2、J3、JFL、地域リーグ、都道府県リーグで構成されている。そして、それぞれのクラブには、サポーターとともにクラブ運営を支えるボランティアが存在する。Jリーグの楽しみ方の多くは、サッカー場へ足を運び、試合を直接観戦し応援すること、そしてテレビ等によるメディア観戦かもしれないが、Jリーグを「裏方」の立場から楽しんでいるボランティアもいることを忘れてはいけない。

Jリーグを支えるボランティアを通称「Jボラ」と呼ぶ。Jボラの実践は、チームごとに多少は異なるものの、試合前から試合後まで長丁場の活動時間だ。試合前にはそれぞれの持ち場（入場ゲート、ファンクラブの受付、座席案内、誘導等）に分かれて活動の準備をする。ボランティア専用のビブスやウェアを着ているが、一般の観客からすればチームスタッフやアルバイトとの区別がつかない場合も多い。ここでは、私がFC東京におけるボランティアでのフィールドワークを通じて得た資料をもとに少し記述したい。

FC東京には、「FC東京・市民スポーツボランティア」という市民組織がボランティア活動を行っている（7）。この団体はクラブとは独立しており、市民団体としてFC東京のホームゲームを中心にボランティア活動を行っている。私が一番驚いたのは、活動前と活動後のミーティングにおいて、代表取締社長の大金直樹氏が直接ボランティアの前でお礼の言葉を述べている光景である。これは毎回、ボランティアに対して行われているそうだ。この光景からは、ボランティアを大切にしているクラブの姿勢が窺える。また、試合後には、社長自らがボランティア全員と握手を交わす姿も見られた。これも毎回行われているそうである。

FC東京・市民スポーツボランティアの代表の吉田氏は、以下のように語っていた。

クラブに属するのではなく、市民団体としてクラブを支えることによって、クラブと対等であることができる。

対等であることで、ボランティアの活動条件についてもクラブと交渉することができる。それがボランティアの活動環境を良くすることにつながる。

実際に、クラブからはボランティア一つに対して、一律1000円の交通費が支給されている。また、活動の合間にスタンドで試合を観戦することも許されている。こうしたボランティア環境の創出は、ボランティアの経済的な負担を軽減することや、活動の楽しみを創出することにもつながる。また、経済的な支援は学生や若者等のボランティアを確保することにもつながる。こうした取り組みが、結果的に様々な角度からクラブを支える人たちを増やすことにもつながるわけだ。単に資本に属するのではなく、独立した立場を維持することで交渉力を担保しようとする。こうした姿勢には学ぶべきものが多い。

先にも述べたが、2020東京大会を前に、大学を中心にスポーツボランティア教育が盛んになっている。講義等から、スポーツがあらゆる人によって支えられ、成り立っていることを学ぶということは素晴らしいことかもしれない。しかし、そうした支える活動の先に、スポーツの未来をそれぞれがどう考え出すことができるかに本質的な教育の意味があるように感じている。

特に、2020東京大会がこれからのオリンピック・パラリンピックの変換点になるのは間違いない。次の2024年大会は、その次の2028年大会と同時に、パリとロサンゼルスにそれぞれ決定した。大会同時決定は、巨額の費用負担などを理由に、ローマなど立候補した都市が相次いで撤退したため、危機感を感じたIOCが異例の措置をとったものである。なぜ、立候補した都市は撤退したのだろうか。巨額の開催費用のみがネックとなったのか。きっとそれだけではなく、私たちの現実生活と大きく乖離し、一部の者だけが恩恵を得るような構図に陥っていることが原因ではないだろうか。端的に言えば、市民ムーブメントとしてオリンピック・パラリンピックの開催が支持されなかったということだろう。山本敦久氏は「経済発展を謳う祝祭が、なぜ格差や貧困を引き起こすのか。私たちは、国家、マスメディア、グローバル企業などオリンピック支持者たちが信奉する『平和』や『夢』というレトリックに彩られた祝典を簡単に受け入れることができない現実が生み出されていることについて考えていく必要がある」と指摘している（山本、2017：232）。まさに、オリンピック支持者と市民との現実世界（生活世界）が違いすぎるのである。
２０２０東京大会でのボランティアは、９万人以上を計上する予定だ。先にも述べたように、ボランティアにはアドボカシー機能がある。それは、単に課題や改善点を代弁するだけでなく、複数の実践によって、新たな主体的な市民として問題提起や討議空間を形成できる。山本氏が述べるように、現代オリンピックは、市民社会からもアスリートからもその主体性を見出すことは難しく、支配的なヘゲモニーは強固なものになりつつある。では、私たちはどうすれば良いのか。発言や行動を控え、ただ見守るしかないのか。オリンピック・パラリンピックを外部から批判するのではなく、内側から改善を提唱することはできないのか。

私はこうした状況の変革のための契機は、９万人以上のボランティア意識に委ねられている部分が大きいと考える。私は以前書いた著書の中で、スポーツボランティアを「自発的な意志と判断に基づき、個人やクラブ・団体のスポーツ活動、ならびに各種スポーツ大会・イベント等を支え、スポーツ文化の発展に貢献する人（活動）のこと」（二宮、２０１７：63）と定義した。この定義で強調したのは、「自発的な意志と判断に基づき」である。スポーツを取り巻く状況が、相変わらず巨大資本や政治の影響を受けている今日において、それを支えるボランティアには、自身が支えるものが何であるのかについて、常に客観的であって欲しいという意を含めて、このように表記した。ボランティア実践の中から、多数のボランティアが感じた課題の改善を提言していくことこそ、出来事の磁場を変える要素となるのではないか。２０２０東京大会のボランティアにはそうした遺産（レガシー）を期待したい。そして、全国各地で活躍するスポーツボランティアの有志にも、同様のことを期待したい。「支える」立場だからこそ熟考できること、実行できることはまだまだあるはずだ。

（文教大学）

【註】

（１）http://www.alba.co.jp/tour/news/article/no=68700?tourid=91567&cat=1（２０１７年９月20日確認）

（２）文部科学省：「東北地方太平洋沖地震に伴う学生のボランティア活動について（通知）」http://www.mext.go.jp/a_menu/saigajohou/syousai/1304540.htm（２０１７年９月20日確認）

（３）http://www.ssf.or.jp/research/sldata/tabid/1335/Default.aspx

（４）東京２０２０大会に向けたボランティア戦略 http://www.metro.tokyo.jp/tosei/hodohappyo/press/2016/12/15/documents/04_02.pdf（２０１７年９月20日確認）

（５）総務省統計局：平成28年社会生活基本調査結果生活行動に関する結果要約 http://www.stat.go.jp/data/shakai/2016/pdf/youyaku.pdf

（２０１７年９月20日確認）

（６）http://www.asahi.com/articles/ASK6H7752K6HUTQP02V.html
（２０１７年９月 20日確認）

（７）Ｊリーグのボランティアは、クラブごとに運営形態が異なる。例えば、クラブが直接マネジメントしているボランティア組織もあるが、独立したボランティア団体としてクラブを支えているボランティア団体もある。

【文献】

内海成治・中村安秀（編）（２０１４）『新ボランティア学のすすめ：支援する／されるフィールドで何を学ぶか』昭和堂。

二宮雅也（２０１６）「ボランティア化する社会と身体　大学生を取り巻くボランティの状況」山本敦久（編）『身体と教養：身体と向き合うアクティブ・ラーニングの探求』ナカニシヤ出版、85‐99頁。

二宮雅也（２０１７）『スポーツボランティア読本：「支える」スポーツの魅力とは？』悠光堂。

西山志保（２００７）『ボランティア活動の論理：ボランタリズムとサブシステンス』東信堂。

山本敦久（２０１７）「オリンピック、祝賀資本主義、アクティヴィズム」田中東子・山本敦久・安藤丈将（編）『出来事から学ぶカルチュラル・スタディズ』ナカニシヤ出版、２２７‐２５２頁。

ピエール・ブルデュー、石井洋二郎（訳）（１９９０）『ディスタンクシオン〔社会的判断力批判〕Ｉ』藤原書店。

特集 スポーツとボランティア

# スポーツボランティアのマネジメントを考える

行實鉄平

## はじめに

近年、我が国では、人々が生活の中で希求する価値観が「物的な豊かさ」から「精神的な豊かさ」へとシフトしてきているのに相俟って、これまで慈善・奉仕としてのイメージの強かったボランティア活動は、「自身の生活を豊かにする楽しみ」「自己実現」「人と人との繋がりや関係性」をもたらす有益な活動へと捉えられつつある。

スポーツ場面では、近年、単発的な（スポーツ大会・イベント等での）活動だけではなく、定期的な（スポーツクラブ・団体等での）活動においてもスポーツボランティアの姿が期待されている。前者においては、東京2020オリンピック・パラリンピック大会において約9万人ものスポーツボランティアが募集予定されているのをはじめ、各都道府県において毎年開催されている国体や市民マラソンにおいても、各地でスポーツボランティアが公募で募集されるようになっている。また、後者においては、スポーツ少年団・総合型地域スポーツクラブといったスポーツNPOや、Jリーグをはじめとした各種目のプロクラブチームなど、地域の身近なスポーツクラブ組織において、その運営を継続的にサポートするスポーツボランティアを受け入れる組織が増えてきている。さらに、第2期スポーツ基本計画（2017：10‐13）では、スポーツ参画人口（する・みる・ささえる等）の拡大と、そのための人材育成・場の充実に取り組む施策として、スポーツボランティアの育成やスポーツボランティア団体間の連携の促進策が具体的に明記されるようになり、スポーツ政策としてもその普及の重要性が方向づけされている。

しかしながら、笹川スポーツ財団（2015：9）によれば、我が国における成人のスポーツボランティア実施率（年1回以上のスポーツボランティア活動を行った人の割合）は、7％前後で過去20年間横ばいの状況であることや、活動希望者（14・5％）と実際の実施率（7・7％）とのギャップがあることなどが明らかにされている。また、スポーツボランティアをしたい側（個人）は、「活動のための時間が取れない」「活動内容の情報が少ない、募集窓口が分かりにくい」「金銭的負担が大きい（交通費・運営費など）」といったスポーツボランティアを実施する上での課題を挙げる一方で、ボランティアをしてほしい側（組織）は、「新しい登録者が集まらない」「運営の中心となる登録者が不足している」といった受け入れ態勢を構築しているにも関わらず人材が集まらない課題を挙げているという。

このように、スポーツボランティアは、ボランティアの捉え方の変化と相俟って、スポーツへの多様な参画形態のひとつとしての広がりや期待を見せつつあるが、その実際は、マネジメントの不在による様々な課題があると思われる。本稿では、スポーツボランティアの普及を前提に、マネジメント側（スポーツ組織側）の視点からその捉え方や在り方について考えてみたい。

## スポーツボランティアの位相

スポーツボランティアのマネジメントを考えるにあたり、まずは、マネジメントの対象となるスポーツボランティアをどのように捉えていく必要があるのか、その特徴や位置づけについて考えてみたい。

### (1)スポーツボランティアの定義からみえる分類と多様化の様相

スポーツボランティアとは何かについては、これまで様々な定義が示されてきた。「報酬を目的にしないこと」（笹川スポーツ財団、2000：36）、「スポーツ文化の価値向上を図る活動であること」（日本スポーツボランティア学会、

２００８：27）に着目した定義もみられるが、文部省・スポーツにおけるボランティア活動の実態等に関する調査研究協力者会議（２０００：９）は、スポーツボランティアを「地域におけるスポーツクラブやスポーツ団体において、報酬を目的としないで、クラブ・団体の運営や指導活動を日常的に支えたり、また、国際競技大会や地域のスポーツ大会などにおいて、専門能力や時間などを進んで提供し、大会の運営を支える人」と示し、スポーツボランティアの分類に基づいた定義をしている。ちなみに、この分類の具体的内容は、まず「スポーツイベントのボランティア」と「スポーツクラブ・団体のボランティア」のふたつに区別することができ、さらに前者は、審判・通訳・手話などの業務を担う「専門のボランティア」と、大会・イベント運営に関わる多様な業務を担う「一般ボランティア」に、後者は、スポーツ指導を行う「指導ボランティア」と、クラブ組織の運営を行う「運営ボランティア」といった役割による分類がなされている。また、山口（２００４：９）は、現役やＯＢのプロスポーツ選手、トップアスリートが学校や地域のスポーツクラブ・イベントなどでのスポーツ指導を行ったり、災害で被災した地域住民や難病と闘う患者を勇気づけたりする活動を「アスリートのボランティア」として一般の人々が行うボランティアと区別して示している。

　このように、スポーツボランティアは、一様な定義づけがなされているわけではなく、具体的な行為（役割）もその受け皿（スポーツ組織）の広がりとともに多様化してきているといえよう。また、スポーツボランティアの機会は、スポーツ活動を越えた多様な場面を想定できることから、ここで示した定義や分類は暫定的なものとして捉えておく必要がある。

### (2)ボランティアの心性を持つ行為

　スポーツボランティアは、その活動の広がりとともに、多様な価値観をも創出しているが、その原点は、「ボランタリズム」の価値を体現するための行為（田尾、２００５：６‐７）であることを押さえておく必要がある。このボランタリズムとは「自主性（人から強制されるのではなく自ら進んで行う心性）」、「無償性（ものやお金といった報酬をもらうことを目的とせず行う心性）」、「公共性（自分のためのではなく人や社会のために行う心性）」を持った人たちを支える価値観であり理念とされているものである。この理念に支えられてボランティア行為（活動）は成り立っているのである。また、スポーツは、「する・みる・ささえる」

| | |
|---|---|
| スポーツイベントのボランティア | 「専門ボランティア」<br>⇒審判、通訳、医療・救護、手話、データ処理など） |
| | 「一般ボランティア」<br>⇒受付・案内、給水・給食、記録・掲示、交通整理など） |
| スポーツクラブ・団体のボランティア | 「指導ボランティア」<br>（スポーツ指導者、指導アシスタントなど） |
| | 「運営ボランティア」<br>（クラブ役員、クラブマネジャー、運転・運搬、競技団体役員など） |
| アスリートのボランティア | 「アスリートボランティア」<br>（学校や地域クラブ、イベントなどでのスポーツ指導） |

自発性⇒人から強制されるのではなく、自ら進んで行う心性
無償性⇒ものやお金といった報酬をもらうことを目的としていない心性
公共性⇒自分のためではなく人や社会のために行う心性

行為　＋　心意気

**図1　スポーツボランティアの行為と心意気**
（文科省、2001；山口、2004 を参考に作図）

など多様なシーンにおいて関わる（楽しむ）ことが可能な文化である。しかし我々は、スポーツ活動といった場合、「する」というスポーツへの関わりをもってその活動をイメージしがちであるが、その捉え方は狭いと言わざるを得ない。つまり、他の関わりについても「する」と同様の価値あるスポーツ活動として、捉えていく必要である。

近年、「豊かなスポーツライフ」という言葉は、スポーツに関する政策文章をはじめ、多くの書籍で散見できるようになった。この言葉は、生活の中にスポーツ活動を生涯にわたって（各ライフステージに応じて）取り入れていくライフのことを指すが、ここでいうスポーツ活動とは、「する」だけでなく「みる・ささえる」などスポーツとの多様な関わりを含意したものとして捉え直す必要がある。

このようなことを勘案した場合、スポーツボランティアとは、「スポーツとの多様な関わりの中の『ささえる』というスポーツ活動を通して、ボランタリズムの価値を体現できる向社会的な行為であり、豊かなスポーツライフの実現に必要なスポーツ活動」であると捉えることができる。

### (3) スポーツとボランティアの親和性

スポーツボランティアをボランティアの一場面として捉えた場合、その活動には、「スポーツへのボランティア」と「スポーツからのボランティア」のふたつの方向性を考えることができる（行實、2016：190）。「スポーツへのボランティア」とは、スポーツをする人に対して行うボランティアで、たとえば、先に示したスポーツイベントやスポーツクラブ・団体におけるスポーツ教室などへ参加するという方向性である。一方、「スポーツからのボランティア」とは、スポーツをする人が支援の必要な人に対して行うボランティアで、たとえば、地域クラブやアスリートが地域の清掃や地域のお祭りに参加する、福祉施設を訪問し入所者と交流するなど、スポーツ活動以外の環境・地域・福祉・医療・災害といった様々な活動に参加する方向性である。

スポーツ活動に向かう人々には、もともと「他人に強制されてやるものではなく」「金銭が与えられるからやるものでもなく」「一部の人が楽しむ独占的なものではない」といった、ボランタリズムと親和性の高い心性が備わっている。したがって、スポーツへのボランティアはもっと自由に、自らも「スポーツしている」という感覚を味わい、楽しめばよい。また、スポーツからのボランティアも、もっと自然に、現在の活動の延長と考えればよいのである。

スポーツボランティアは、スポーツ活動以外の様々なボランティア活動の領域（ドメイン）をその時々の個人の想いに沿って自由に移動しながら活動する。たとえば、障がい者スポーツを契機に福祉や医療のボランティアに携わる、逆に、高齢者の福祉や健康づくり活動を契機にスポーツ活動のボランティアに携わるといった双方のスワップが想定できる。スポーツには専門性が必要な活動も多く含まれるが、今後のスポーツボランティア活動の普及における契機を広げていくためには、今日はスポーツボランティアで、明日は環境ボランティアといった多様な活動ドメインとのスワップを日常的に楽しむ存在として捉えることも必要ではないか。

### (4) スポーツプロモーションとしての位置づけ

山下（2016a：iii-v）は、スポーツマネジメントとは広い解釈で「スポーツ問題をうまく処理すること」だが、そのスポーツ問題は時代時代によって異なり、現在はスポーツの「価値づくり」や「多主体協働共生」によるスポーツプロダクトの生産を問題にすることが求められている時代であると示唆する。この時代においてイメージされるスポーツ参画（活動）者の姿は、スポーツ組織が用意したスポーツサービス（プロダクト）に依存して活動を行うのではなく、より自由に、より主体的にスポーツ組織が提供するプロダクトを選択し、自身の生活に合ったスポーツ活動へと繋げていく、つまり、既製品（レディメード）ではなく、特注品（オーダーメード）や、自作品（セルフメード）といったスポーツプロダクトを自家生産する人の姿である。また、山下（2016b：16）は、スポーツボランティアをスポーツプロモーシヨンの1プロダクトとして位置づけ、各スポーツ組織におけるスポーツボランティアの受け入れは、「ささえる」という新たなスポーツ参画の広がりを普及するニューウェーブとして捉えている。近年、時を同じくして、マーケティング論の大家であるフィリップ・コトラーが提示した「マーケティング4.0」は、いわゆる「自己実現のマーケティング」（川上、２０１７）といわれるものであり、そこにみる現在の消費者の姿は、企業によってコントロールされる受動的な存在ではなく、自発的に自分たちのニーズを創り出しそれを自家消費するとともに他の人にも推奨する人の姿である。よって、プロダクトの生産は、企業が一方的に創りあげるものではなく、多数（消費者）対多数（企業）の協働によって創造することとなる。スポーツを通した自己実現を目指すスポーツボランティアの姿は、実は新しい消費者の姿（現象）を先行したものなのかもしれない。

## スポーツ組織における ボランティアマネジメント

スポーツプロモーションのニューウェーブとして捉えることのできるスポーツボランティアをスポーツ組織はどのように創出し継続した活動にできるのか。そのマネジメントについて考えてみたい。

### (1)ボランティアマネジメントのプロセス

ボランティアマネジメントにおいて、重要かつ中心的なプロセスとは、「ボランティアを募集」し、「受け入れ」、「活動を継続させる」ことである（桜井、２００５：１４４-１４５）。具体的には、第一に、「ボランティアの募集」では、チラシやインターネットを活用したり、スポーツ組織が主催するスポーツ事業（イベントや教室等）に参加経験のある人に声をかけるなど、当該組織でのボランティア活動の魅力を様々なチャネルを通じて伝えていく必要がある。しかし、その際、何よりも要視すべきことは、ボランティアの参加動機（モチベーション）を刺激する募集を行うことである。第二に、「ボランティアの受け入れ」に際しては、参加希望者の想いや動機を確認するための面接を実施するとともに、当該組織の理念（ミッション）や活動内容に関する研修を行う必要がある。この時に重要なのは、参加希望者の期待や不安を十分に聞き、納得して活動をスタートしてもらうことである。逆に、双方の想いに大きな隔たりがある場合は、無理に活動を促すのではなく、受け入れをストップした方が賢明な場合もある。

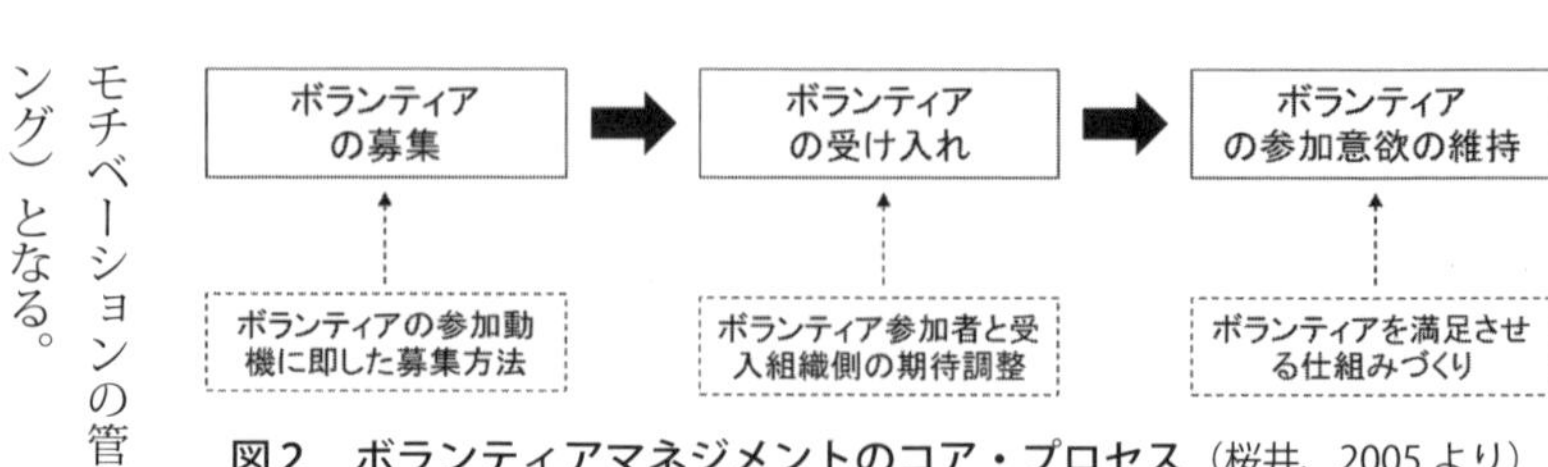


**図2　ボランティアマネジメントのコア・プロセス**（桜井、2005より）

第三に、「ボランティア活動の継続」に際しては、活動を通じてボランティアが満足できるような配慮を常に心がける必要がある。ボランティアは労働者と異なり、想いを基軸に活動を行う。よって、活動の継続化に向けて重要になるのは、モチベーションの管理体制（モニタリング）となる。

## (2)スポーツボランティアのモチベーション要素

ボランティアの参加や継続を促すモチベーションの内容はこれまで主に3つの考え方がなされてきた（桜井、2007：23-31）。1つ目の「利他的動機」は他者のことだけを考えて自己犠牲的に奉仕精神に基づいて行われる活動との解釈に立つものであり、2つ目の「利己的動機」は自分勝手な動機を持つ存在との解釈に立つもの、そして、3つ目の「複数動機」は先の両方の動機を持ち、さらにそれ以外の動機を含む複数の動機によって活動を行うという解釈に立つものである。これら3種類のモチベーションは、どれが正しくてどれが正しくないかという性質のものではないが、スポーツボランティアのモチベーション管理には、複数動機によるアプローチが有効とされている（行實、2015：15）。この複数動機の要素を巡っては、様々な見解があるが、さしあたり、筆者が行った調査結果から導き出された9種類の動機モデルを紹介したい。まず、第一に「選手支援」であるが、これは将来のスポーツ選手となる子どもたちの育成をはじめ、スポーツ選手のサポートや交流をしてみたいという動機である。第二に、「社会貢献」であるが、これはスポーツを通じて社会や人の役に立ち、同様の活動を行うスポーツボランティアの輪を広げていきたいという動機である。第三に、「技術習得・発揮」であるが、これは自分が培ったスポーツの知識や経験を発揮したいという動機である。第四に、「自己成長」であるが、これは新しい知識や経験を獲得し、自分自身が成長したいという動機である。第五に、「社会的有利」であるが、これは活動実績を通して就職や昇進を有利にしたり、社会的評価を得たいという動機である。第六に、「報酬」であるが、これは金銭的報酬をはじめ何らかの報酬を得たいという動機である。第七に、「社交」であるが、これは活動を通していろいろな人との出会いや交流をしたいという動機である。第八に、「レクリエーション」であるが、これは自分自身の生活環境に変化や張り合いを持ちたいという動機である。最後に、「スポーツ」であるが、これはスポーツ活動自体に何らかの形で関わりたいという動機である。こうした動機は、個人個人異なるものであり、ひとつの動機を強く持つ人もいれば複数の動機を持つ人もいる。また、若者層では「自己成長」、「社会的有利」といった利己的動機が強く、高齢者層では「社会貢献」、「社交」といった利他的動機が強いことなどが想定できる。

スポーツボランティアの募集、受け入れ、継続化にあたっては、これらの動機を個人個人把握することで、ある程度は組み立てが容易になると考えられる。しかし、実際のリクルートには、さらに「個人的要因（外交的な性格、社会的責任感や宗教的価値観）」、「社会的要因（家族、友人、知人などのネットワーク）」、「状況的要因（友人、知人からの依頼、本人の健康状態、活動場所までの時間や費用といった状況）」、「活動的要因（自身の興味・関心やスキルが活かされる可能性）」といった本人のモチベーションより先行して影響を与える諸要因が存在することも考えておく必要がある。

### (3) ボランティアコーディネーターという専門職の存在

ボランティアコーディネータ

スポーツボランティアの募集・選出

<リクルート要因>

個人的要因（外交的な性格が強い人、社会的責任感や宗教的信念といった価値観の強い人）

社会的要因（家族、友人、知人などのネットワークを持つ人）

状況的要因（友人知人からの依頼、本人の健康状態、活動までの時間や費用といった状況に適した人）

活動的要因（自身の興味・関心やスキルが活かされる可能性が高い人）

<モチベーション要素>

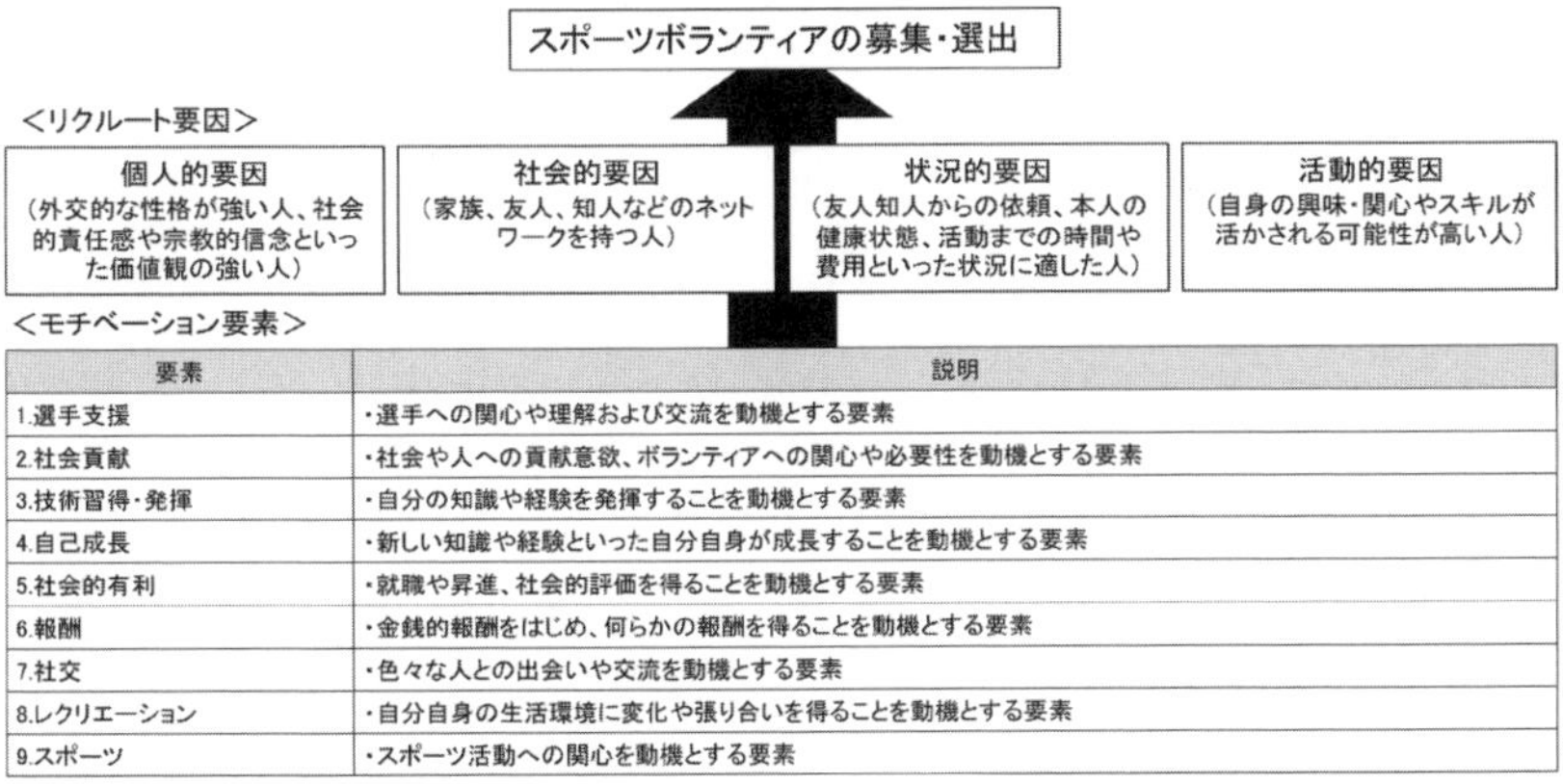

| 要素 | 説明 |
|---|---|
| 1.選手支援 | ・選手への関心や理解および交流を動機とする要素 |
| 2.社会貢献 | ・社会や人への貢献意欲、ボランティアへの関心や必要性を動機とする要素 |
| 3.技術習得・発揮 | ・自分の知識や経験を発揮することを動機とする要素 |
| 4.自己成長 | ・新しい知識や経験といった自分自身が成長することを動機とする要素 |
| 5.社会的有利 | ・就職や昇進、社会的評価を得ることを動機とする要素 |
| 6.報酬 | ・金銭的報酬をはじめ、何らかの報酬を得ることを動機とする要素 |
| 7.社交 | ・色々な人との出会いや交流を動機とする要素 |
| 8.レクリエーション | ・自分自身の生活環境に変化や張り合いを得ることを動機とする要素 |
| 9.スポーツ | ・スポーツ活動への関心を動機とする要素 |

**図3　スポーツボランティアの募集・選出に影響を与えるリクルート要因とモチベーション要素**

ーは、先に示したスポーツボランティアのマネジメントを機能させるために欠かせない存在であるといえる。そのボランティアコーディネーターには3つのタイプがあり（桜井、2007：88-93）、具体的には、「送り出し型（学校や企業などの構成メンバーがボランティア活動に参加することを支援する）」、「仲介型（ボランティアしてほしい組織側のニーズとボランティアしたい個人側のニーズを調整する）」、「受け入れ型（受け入れ組織の内容に合わせた活動調整）」が挙げられる。その役割は、例えば、「送り出し型」では、①「動機づけ」、②「ニーズの把握」、③「受け入れ組織との調整」、④「活動後の振り返り」などが挙げられる。また、「受け入れ型」では、①「活動方針の立案」、②「情報提供や面接」、③「プログラム開発・研修・評価」、④「組織内の各部署との調整」などが挙げられる。さらに、「仲介型」では、「送り出し型」、「受け入れ型」双方の役割を挙げることができ、その役割は多岐にわたるといえよう。

　しかし、ボランティアを扱っている多くの組織では、このようなボランティアコーディネーターが専任職員として配置されていることはまれである（桜井、2005：145）。本来であれば、ボランティアコーディネーターはボランティアマネジメントを担う専門職として配置されることが望ましいが、大規模なNPOや行政組織でなければ、ボランティアのリーダーがその役割を担わざるを得ないのがほとんどである。海外では、ボランティアコーディネーターの人材養成や社会的地位向上においてインタミディアリー（中間支援組織）の存在・活躍が注目されている。我が国においても各都道府県に設置されている社会福祉協議会や、スポーツ分野では日本ボランティアネットワーク（JSVN）などがそれに相当する組織として活躍しているが、多くのスポーツ組織が認知しているとは言い難い。今後は、インタミディアリーの活用を検討するとともに、現実的な対応としては当該組織の成長段階に応じたボランティアマネジメントの方法・体制を整えていくことが必要になるといえる。

## まとめ

　本稿では、スポーツボランティアのマネジメントを考えるにあたり、まず、その対象となるボランティアの特徴をスポーツ組織側の視点から捉え直してみた。そこで確認できたのは、より自由に、主体的にスポーツに参画する人の姿であった。また、スポーツプロモーションのニューウェーブとして捉えることで、新しいスポーツ消費者としての姿も想像することができた。一方、スポーツボランティアのマネジメントでは、そのプロセスにおいて様々な動機を把握する必要性を確認した。一方、個人個人のモチベーション管理を組織の成長段階に合わせてどのように整えていくのか、つまり、ボランティアコーディネーターの育成・配置は、スポーツ組織にとって重要な課題であることを示した。今後もスポーツボランティアの普及・推進に向けた実践現場の様々な挑戦に期待するとともに、その取り組みについて引き続き見守っていきたい。

**（久留米大学）**

【文献】

川上辰夫（２０１７）「マーケティング4.0の時代へ。売り方の方針を考える」販促の大学ｗｅｂサイト（２０１７年９月20日閲覧）https://hansokunodaigaku.com/koukoku_post/2578/

文部省・スポーツにおけるボランティア活動の実態等に関する調査研究協力者会議（２０００）スポーツにおけるボランティア活動の実態等に関する調査研究報告書。

文部科学省（２０１７）『スポーツ基本計画』スポーツ庁ｗｅｂサイト（２０１７年10月９日閲覧）http://www.mext.go.jp/sports/b_menu/sports/mcatetop01/list/1372413.htm

日本スポーツボランティア学会（２００８）『スポーツボランティアハンドブック』昭和出版。

桜井政成（２００５）「ボランティアマネジメント」川口清史ほか（編）『よくわかるＮＰＯ・ボランティア』ミネルヴァ書房、１４４-１４５。

桜井政成（２００７）『ボランティアマネジメント：自発的行為の組織化戦略』ミネルヴァ書房。

笹川スポーツ財団（２０００）『スポーツライフ・データ２０００：スポーツライフに関する調査報告書』ＳＳＦ笹川スポーツ財団。

笹川スポーツ財団（２０１５）『スポーツにおけるボランティア活動活性化のための調査研究報告書』笹川スポーツ財団ｗｅｂサイト（２０１７年10月９日閲覧）http://www.ssf.or.jp/research/report/category6/tabid/153/Default.aspx

田尾雅夫（２００５）「ボランティア活動の定義」川口清史ほか（編）『よくわかるＮＰＯ・ボランティア』ミネルヴァ書房、６-７。

山口泰雄（２００４）『スポーツボランティアへの招待：新しいスポーツ文化の可能性』世界思想社。

山下秋二（２０１６ａ）「はじめに―これからスポーツマネジメントを学ぶ人のために」山下秋二ほか（編）『図とイラストで学ぶ新しいスポーツマネジメント』大修館書店、iii-v。

山下秋二（２０１６ｂ）「スポーツ組織のドメイン」山下秋二ほか（編）『図とイラストで学ぶ新しいスポーツマネジメント』大修館書店、14-25。

行實鉄平（２０１５）「新任スポーツ推進委員のモチベーションを探る」スポーツ推進委員協議会（編）『みんなのスポーツ』４１８：15-17。

行實鉄平（２０１６）「スポーツボランティアのマネジメント」山下秋二ほか（編）『図とイラストで学ぶ新しいスポーツマネジメント』大修館書店、１８８-１９９。

# スポーツボランティアにおけるビジネス市場へのアプローチ
## ―社会的企業が主体となるソーシャルビジネスモデル―

相原正道

### ボランティア活動における限界と課題

　スポーツボランティアは、ボランティアという名称がつく以上、ボランティア活動であり、ビジネスではない。しかし、思いだけのボランティア活動では持続的な効果が得られないため、ボランティア団体にも限界があるだろう。たとえば、ホームレスに対して炊き出しなどのボランタリーなアプローチを続けるだけでは支援者と被支援者の関係から脱却できず、本質的な解決には結びつかない。さらに、伝統的なＮＰＯ（非営利活動組織）は寄付や会費からの収入、行政からの補助金、財団・基金からの助成金を財源としている。そのため、経済的な基盤が不安定なものが少なくない。特に、行政からの補助金は、財政難から多くは期待できなくなっている。このような純粋なボランティア団体は、資金面における制約が大きいのが現状である。これまで行政やボランティア組織が果たしてきた役割を否定するのではなく、効果的な取り組みが今後にとって必要であると考えている。持続的な効果を求めるならば、何かしらの変革（イノベーション）を起こさなければならない。

## ボランティア活動における社会的企業

ボランティア活動に対する持続的なイノベーションを起こすならば、従来型のビジネスではなく、ソーシャルビジネスを実践する社会的企業を創出するのが良いと考える。社会的企業とは、社会問題に対して持続可能な解決策を提供する団体である。

社会的企業には、社会的活動に従事する営利企業から、利潤と社会的目標を調和させるハイブリッド組織、および商業活動に従事する非営利組織までを含む連続体と位置づけられている。谷本（２００６）は、縦軸に市場性、横軸に社会的課題との関係性をとる２次元上に事業体を配置し、点線内が社会的企業にあたる部分であるとしている。（図１）また、大室（２０１１）は、図中にある各社会的企業について簡潔にまとめている。（表１）

マイケルポーターが２００６年に提唱したＣＳＶ(Corporate Shared Value：共通価値の創造）は、社会的価値と経済的価値とを両立させることである。ＣＳＶとソーシャルビジネスの違いは、前者が社会的価値と経済的価値との両立を目指すのに対して、後者が社会的価値の追求により重点を置いていることにある。ソーシャルビジネスは、ビジネスを通じて社会課題を解決することが基本になっている（安部：２０１５）。

土肥（２００９）は、社会的企業が実践するソーシャルビジネスの特徴として、２つの点を挙げている。第一に、ソーシャルビジネスは営利ビジネスよ

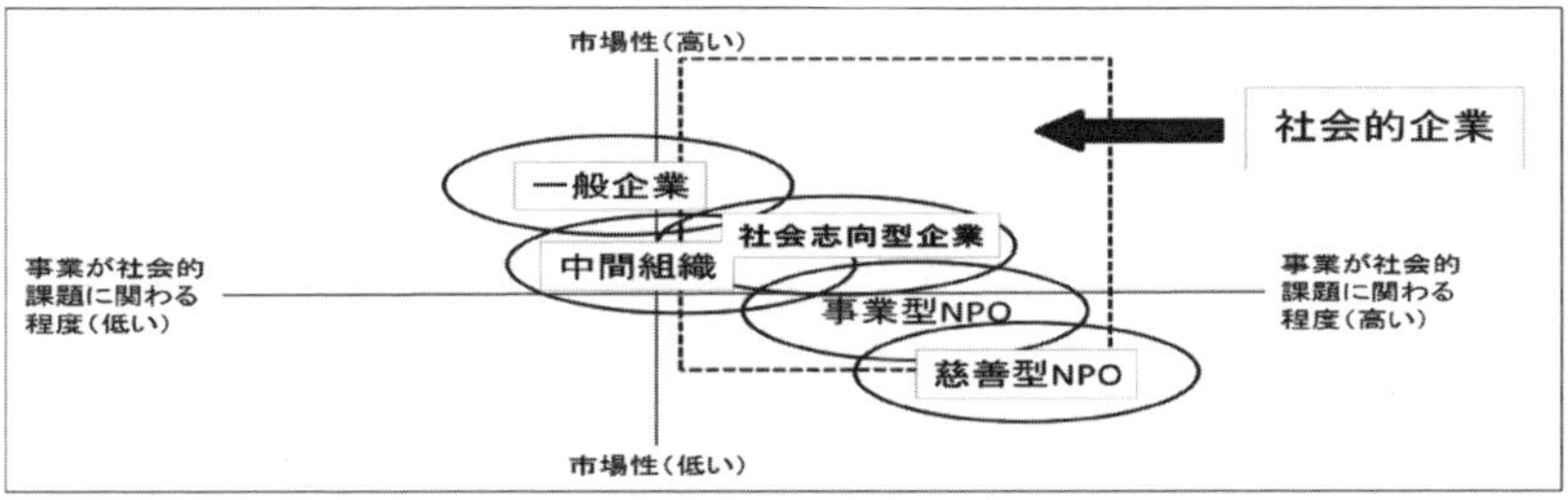

**図１　各事業体の位置づけ**
出典：谷本（2006：15）

表１　社会的企業の概要

| 組織 | 社会志向型企業 | NPO | 一般企業 | 中間組織 |
|---|---|---|---|---|
| 内容 | 営利企業形態（株式会社、有限会社）を社会志向型企業もしくはソーシャル・ベンチャーという。この組織形態は、1970～80年代から日米欧で登場したスタイルで、利益より社会的ミッションを優先する営利企業である。このソーシャルビジネスの中心的な組織形態。 | 慈善型NPOと監視・批判型NPO、事業型NPOの３つのタイプが存在する（谷本、2006）。ソーシャルビジネスの中心は、基本的に事業型NPOとなるが、慈善型NPOにおいても株式会社・有限会社を併設するパターンも存在。 | 一般企業におけるソーシャルビジネスには３つのパターンがある。１つ目は、本業を生かしたビジネススタイル。２つ目は、社会的責任経営といわれる、経営活動をプロセスにおいて社会的課題の解決に貢献するようなビジネススタイル。３つ目は、別組織を持ってソーシャルビジネスを展開する多角化スタイル。 | 中間組織とは中間法人（有限・無限）、有限責任事業組合（Limited Liability Partnership; LLP）、合同会社を含む形態を含むもので、非営利と営利の中間に位置する形態である。 |

※中間法人は、公益法人制度改革３法施行後（2008年12月以降）、一般社団法人に転換している。
出典：大室（2011: 4-6）；谷本（2006: 9）をもとに筆者により改編。

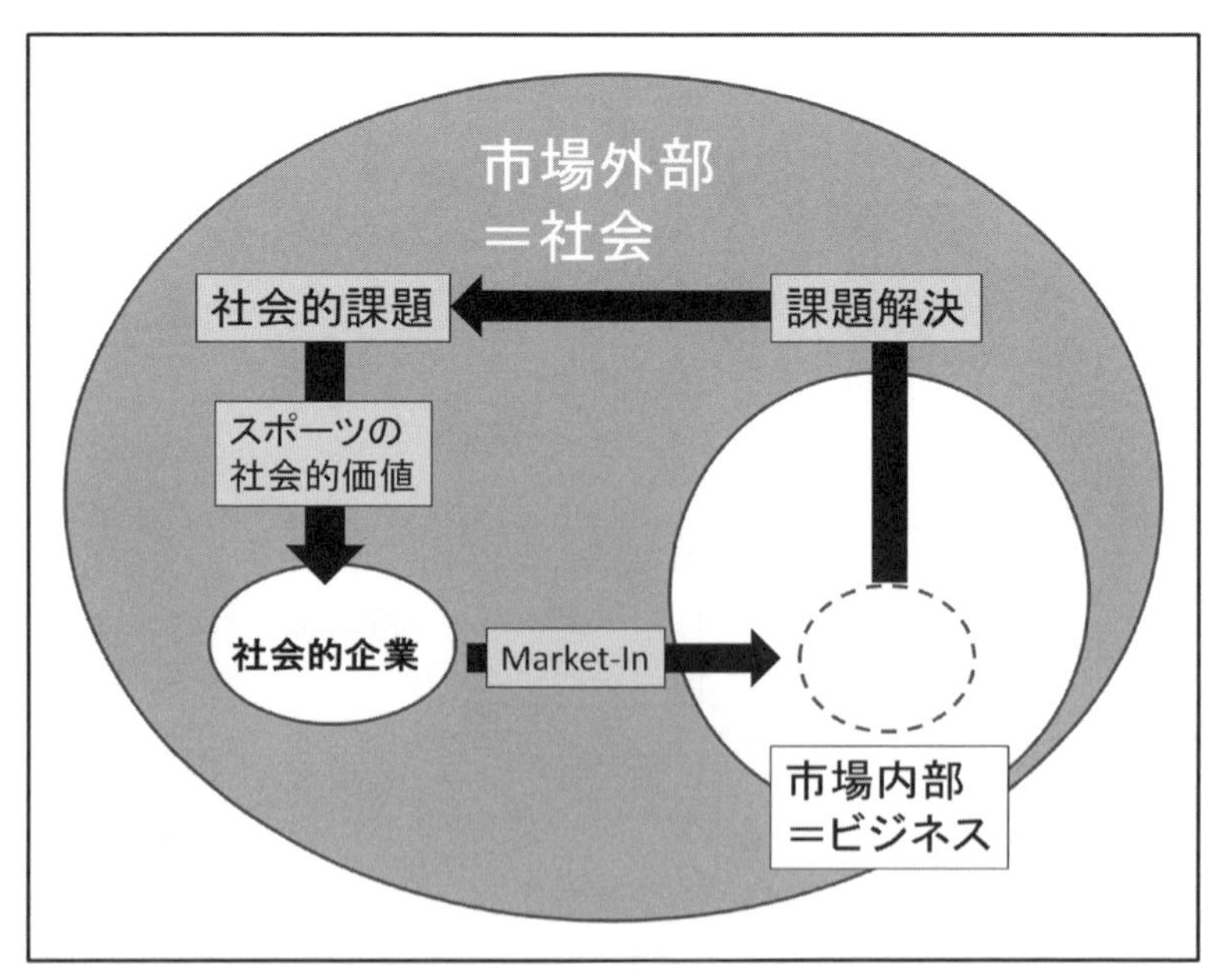


図２　社会経済システムにおける社会的企業の位置づけ
出典：筆者作成

りも市場性が低く、ビジネスモデルの構築に時間、資源、アイデアを必要とする。第二に、社会変革を目的とするために多様なステイクホルダーとの関わりや学習システムを必要とする。

ソーシャルビジネスは、谷本（２００９）が指摘するように、社会性と事業性の両方に関わるので、一般的なビジネスより難易度が高い。市場規模が小さかったり、利用者から料金を徴収できなかったり、コストのかかる環境にやさしい材料を使用する必要があったりするためである。また、社会的関心の低い事業、つまり社会的ニーズがあまり存在しない事業は、消費者を育成するところから始めなければならない。このようにソーシャルビジネスは、社会性と事業性の融合という革新性が常に必要となる。それゆえ、難易度が高くなる。

## スポーツにおけるビジネス市場へのアプローチ

現代社会は、市場を中心とした社会経済システムとなり、社会的課題は多くの市場社会から噴出することになった。具体的には、現代の市場原理に馴染まない環境、生産者の生活に配慮した取引、労働環境や地域などの分野で社会問題が発生している。こうした問題を解決するために、政府やＮＰＯのように市場の外部からアプローチしていたのでは解決できない。それらの手法は、零れ落ちてくる社会的課題を拾うセーフティーネットを構築すれば良いのだが、すべての範囲にセーフティーネットを構築するのは予算などを含めて限界があるため、根本的な解決には限界がある。そのため、ビジネス市場の内部からアプローチして社会問題を解決しなければならない。

そのアプローチ方法は、何らかの社会的価値を経済に転化する「社会規範の市場システムへの転化」である。図２を用いて説明していく。まず、社会的企業が社会的課題を発見・認知し、社会へ認知させる。次に、その社会的課題を解決するために市場内部（マーケット・イン）にアプローチしていく。市場内部におけるビジネスとして、社会的価値を経済的価値に転化できれば、社会的課題を解決できるのである。

市場内部においては、ビジネス活動となり、利益を生み出す構造が必要となる。したがって、社会的規範を市場の生産プロセスに転化させるため、スポーツの価値を用いることが必要になる。スポーツの価値を用いて社会戦略へ転化させることにより、ビジネス価値を創出することができる。

スポーツにおける社会的価値から経

済価値に転化させた実践例としてスポーツゴミ拾い大会（スポＧＯＭＩ大会）を挙げる。スポーツの力で、地域の社会課題を解決するスポＧＯＭＩ大会は、地域の社会課題である「ゴミ問題」を自治体や一部の人々だけに任せるのではなく、そこに住む人々自身が、スポーツをすることで解決することを目指している。すでに公益社団法人スポーツ健康産業団体連合会・一般社団法人日本スポーツツーリズム推進機構「スポーツとまちづくり賞」、経済産業省商務情報政策局長賞を受賞している。

最近では、東京オリンピック・パラリンピック競技大会組織委員会が実践し、ＩＯＣチャンネルでも紹介された競技である。

広瀬（２００７）によると、相手＋ルール＋審判がいればスポーツ競技となることから、スポＧＯＭＩ大会は立派なスポーツ競技である。相手、ルールおよび審判を尊重することをスポーツマンシップという。スポーツと環境を融合したスポＧＯＭＩ大会は、２０１６年12月末までに５５２回開催され、延べ人数で６万２９８９人が参加している。１大会における開催収入は、30万円以上となっているので、これまでおよそ1億６５００万円以上の売上を上げていることになる。

すでに、ロシアやミャンマーなどで開催され、グローバル展開がなされていると同時に、地域の社会課題はゴミの削減だけではないので、スポＧＯＭＩ大会の活動は、他の社会課題に対してもこの法則を応用し、多角化展開を図り、スポーツの力で街の社会課題を解決していっている。

収穫したあとの木に残った柿を捥ぐ大会「スポーツＫＡＫＩ取り大会」を２０１２年12月に過疎の進む長野県下伊那郡松川町で開催した。独居老人の家の前の雪かき問題をスポーツで解決する「国際スポーツ雪かき大会」を２０１４年1月に小樽で開催したが、雪が珍しく、雪深い冬に小樽を訪れるＡＳＥＡＮ諸国を中心に12か国の人が参加した。雪の時期の観光客を狙い、インバウンドを絡めた旅行コンテンツとなっている。

トヨタ自動車と、バンクーバー２０１０冬季オリンピック銀メダリスト、パラリンピアンの上原大祐選手とがコラボして「スポＧＯＭＩ車イスチャレンジ」が２０１６年12月に開催された。２０２０年東京オリンピック・パラリンピック競技大会に向けた大きなアクションとなっている。車イスでも参加できる競技となることで、新たな需要を開発できそうだ。筆者も、日本スポＧＯＭＩ連盟の理事として共に携わっていきたいと考える。

## スポーツボランティアにおけるビジネス市場へのアプローチ

筆者がスポーツボランティアをビジネス市場内部へアプローチして社会問題を解決する場合、まずは教育事業として考えたい。現状、スポーツボランティアは、実践者の高齢化によって人員不足となり、若者の参加が少ないのが実情である。しかし、現代の大学生は高校において「奉仕」の授業があり、ボランティアに関する関心が高い。つまり、若者の認知度と興味度は高いが、若者が行動変容に至っていないことになる。情報伝達経路と内容が良くないのだ。教育効果が期待できるような内容改善にするのならば、大学が積極的に寄与すべきである。より高度な教育カリキュラムとして大学の講義に加えてみてはどうだろうか。

すでに順天堂大学スポーツ科学部が、東京オリンピック・パラリンピック組織委員会との連携協定の一環として、笹川スポーツ財団と連携し、3年生以上を対象とした「スポーツボランティア」講座を2015年度から開講した。しかも、卒業所要単位科目として位置づけている。同講座は、NPO法人日本スポーツボランティアネットワークの資格認定講座であり、すでに107人が「スポーツボランティア・リーダー」の資格を取得している。履修後のレポートなどによる審査を経て合格した者に資格が付与されている。2017年度からは、早稲田大学や亜細亜大学でも同様の講座を開講している。

しかしながら、日本の大学単体で考えると、専門家不足のため講師の指導力に差が生じる。しかも、スポーツボランティアを指導できる教員は、まだ僅かな人材に限られる。ならば、各都道府県の大学コンソーシアムを通じて講義単位として教育カリキュラムを実施してはいかがだろうか。また、公開講座として社会人に向けて開講しても良い。

英国の大学では、高度なカリキュラムとインターンシップを開発しEmploy Ability（職業体験）として活用しており（相原：2017）、しかも、それは産官学が連携した体制で運営されていた。

## 行政と3つのプロスポーツが連携したスポーツボランティア事業

大阪・舞洲（まいしま）地域では、大阪市、プロ野球・オリックスバッファローズ、サッカーJリーグ・セレッソ大阪、バスケットボールBリーグ・エベッサ大阪の4団体がおよそ

2000万円を出資し、舞洲スポーツ振興事業をビジネス展開している。大阪市舞洲スポーツアイランドは、大阪エヴェッサ、オリックス・バファローズ、セレッソ大阪の3つのプロスポーツチームが拠点を置く、日本で唯一のエリアである。

プロ3チームが拠点とする舞洲エリアには、舞洲アリーナ（体育館施設）、舞洲ベースボールスタジアム、テニスプラザ舞洲、舞洲運動場（西／中央）、アミティ舞洲（障がい者専用スポーツセンター）と充実したスポーツ施設のほか、ホテル・ロッジ舞洲、舞洲オートキャンプ場、バーベキューガーデンといった宿泊・憩いの施設がある。そして、舞洲緑地、新夕陽丘、舞洲の磯、シーサイドプロムナードの散策スポット、さらに舞洲陶芸館、イベント広場の体験施設など、家族やグループでも楽しめる施設・環境が多数存在する。

「陸・海・空を身近で感じる」大阪ベイエリアの総合レジャー施設、舞洲スポーツアイランドと言えよう。

このような一大「舞洲スポーツアイランド」を活用した舞洲プロジェクトを推進させるため、平成29年度よりスポーツボランティア人材育成事業を開始した。すでにスポーツボランティアネットワークの構成・育成ワークショップとして、4大学（大阪市立大学、大阪経済大学、大阪成蹊大学、大阪体育大学）から、スポーツボランティア・リーダーとなる資質があると認められた学生たちが参加している。舞洲という地域に3つのプロスポーツチームが集結しており、大学からも幅広く4大学から人材を集結させている。筆者もワークショップのコーディネーターを任されており、今後も舞洲プロジェクトの取り組みやスポーツボランティアの関わり方など、説明会・ワークショップを実施し、継続して活動するスポーツボランティア・リーダーを養成していく。

これまでも各球団・クラブの担当者レベルで交流はあったが、企業単位での話になってはいなかった。また、大阪市も振興事業に参加していて、その点で非常に珍しい組織体になっている。大阪市という行政にしかできない業務も推進することが可能な組織体である。

舞洲スポーツ振興事業は、舞洲で自ら活動を企画し、実行できるボランティアネットワークを構築することを目的としている。舞洲スポーツ振興事業は、自主企画による事業展開が推進できるため、経済価値を創出することが可能となる。経済価値を生み出す「産官学連携事業」として注目される新たな試みである。

（大阪経済大学）

【文献】

相原正道（２０１７）『多角化視点で学ぶオリンピック・パラリンピック』晃洋書房。

相原正道（２０１６）『現代スポーツのエッセンス』晃洋書房。

相原正道・伊吹勇亮（２００７）「トップアスリートへのセカンドキャリア支援」『福山大学経済学論集』38－1・2：75－88。

相原正道・石井智・伊吹勇亮（２００７）「企業におけるCSR経営戦略とスポーツ：企業広報の視点から」『広報研究』11：32－42。

相原正道（２００６）『ロハス・マーケティングのスゝメ』木楽舎。

安部哲也（２０１５）「ソーシャルビジネスとCSV（共有価値の創造）」『経営センサー』東レ経営研究所、50：20－23。

Ansoff,H.I.: Social strategy for the business firm In lamb, *Advances in strategic management*, 1: 3-29, JAI Press; Greenwich,CT, 1983.

土肥将敬（２００９）「ソーシャルビジネスとは何か」佐々木茂・味水佑毅（編著）『地域政策を考える：２０３０年へのシナリオ』勁草書房、１８９－２０１。

Epstein,E.M.: The corporate social policy process: Beyond business ethics, corporate social responsiveness, *California Management Review*, 29-3: 99-104,1987.

藤田誠（２０１０）「社会性と経営戦略」『早稲田大学商学』４２３：５１５－５３８。

広瀬一郎（２００７）『スポーツマーケティングを考える』創文企画。

経済産業省（２００８）『21年度ソーシャルビジネス研究会報告書』。

金井一頼（１９９９）「地域におけるソシオ・ダイナミクス・ネットワークの形成と展開」『組織科学』32－4：48－57。

舞洲プロジェクト：http://maishima.spo-sta.com/（２０１７年10月20日参照）

文部科学省（編）（２０１２）『スポーツ振興基本計画』文部科学省。

森保文・前田恭伸・浅野敏久（２０１５）「清掃活動とスポーツを組み合わせがボランティア募集に与える影響」『環境科学会誌』23－3：２３０－２４０。

内閣府：地域社会雇用創造事業、http://www5.cao.go.jp/keizai1/koyou/chiiki/chiiki.html（２０１７年10月20日閲覧）

内閣府：平成27年度特定非営利活動法人及び市民の社会貢献に関する実態調査報告書、https://www.npo-homepage.go.jp/uploads/h27_houjin_shimin_chousa_all.pdf（２０１７年10月20日閲覧）

日本政策金融公庫総合研究所（２０１５）『日本のソーシャルビジネス』同文館。

日本スポＧＯＭＩ連盟：http://www.spogomi.or.jp/（２０１７年10月20日閲覧）

大室悦賀・大阪ＮＰＯセンター（２０１１）『ソーシャル・ビジネス：地域の課題をビジネスで解決する』中央経済社。

大室悦賀（２００３）「事業型ＮＰＯの存在意義：ソーシャル・イノベーションを主体として」社会・経済システム学会『社会経済システム』24：１３１－１４３。

笹川スポーツ財団（２０１７）『スポーツ白書２０１７』笹川スポーツ財団、１７６。

スポーツ庁「大学スポーツの振興に関する検討会議 最終とりまとめ：大学のスポーツの価値の向上に向けて」http://www.mext.go.jp/sports/b_menu/shingi/005_index/shiryo/__icsFiles/afieldfile/2017/03/28/1383439_2.pdf（２０１７年10月20日参照）

谷本寛治（２００９）「ソーシャル・イノベーションとソーシャル・ビジネス」『一橋ビジネスレビュー』57－1：26－41。

谷本寛治（編）（２００６）『ソーシャル・エンタープライズ』中央経済社。

特集　スポーツとボランティア

# 障害者スポーツのボランティアをめぐる現状と課題

渡　正

## 2020オリンピック・パラリンピックのボランティア

２０２０年の東京オリンピック・パラリンピックにおいては、９万人以上のボランティアが必要とされており、２０１８年以降募集が始まることになっている。平成28年12月に東京都オリンピック・パラリンピック組織委員会が作成した『東京２０２０にむけたボランティア戦略』では、オリンピック・パラリンピックのボランティアとして、「ボランティアは、主に大会前後及び期間中、競技会場や選手村などの大会関係施設における会場内の案内・誘導など、大会運営において重要な役割を果たすことが期待」される「大会ボランティア」と、「大会期間中、空港や主要駅、観光地等において、国内外からの旅行者に対する観光・交通案内や、競技会場の最寄駅周辺における観客への案内等を行うボランティアである「都市ボランティア」」に区別し募集することになっている（東京都、２０１６：２ページ）。

スポーツボランティアに関する研究論文においても、こうしたボランティアの活動は、パラリンピックあるいは国内外の障害者スポーツの取り組みのみならず、スポーツ現象の成立のために非常に重要であることが指摘されている。しかし、山下と行實が指摘しているように、どのような意味・論理でそれが重要なのかは必ずしも明示されているわけではない（山下・行實、2015）。おそらく背景にあるのは、経営論的なボランティア表象／理解の形式であるだろう。だが、大会の実施をボランティアの動員を前提にすることは、スポーツイベントのあり方として問題を含んでいるのではないか。とはいえ、障害者スポーツの現場において、何かしらの人手が足りていないこと、そしてそれはどのような形であれ充足される必要がある、ということには間違いはないだろう。

本稿では障害者スポーツに関わる「人手が足りていないこと、それを何らかの形で充足する必要があること」＝ボランティアについて考える。障害者スポーツのボランティアというテーマにおいて本稿で検討するのは次の2点である。厳密な書き方ではないけれども、一般的に想定されやすい「健常者から障害者へのスポーツ活動支援」というボランティアと、ロンドンパラリンピック時に注目された「障害者当事者から障害者へのスポーツ活動支援」というボランティアである。従来、障害者スポーツのボランティアといえば前者のタイプのみが考えられていたが、ロンドン大会およびリオデジャネイロ大会においては、障害当事者のボランティアも参画し、注目を集めた。東京大会においても障害当事者が大会ボランティアとして関わることを進めようとしている。先に上げた東京都のボランティア戦略では、「多様な参加者の活躍促進」として「年齢、性別、国籍、障がいの有無等に関わらず様々な人々がいきいきとボランティアとして活躍するとともに、大会後もボランティア活動を継続できるような取組を検討していく」（東京都、2016：9）とされている。またその「多様な」参加者として最初に「障がい者のボランティア参加」が置かれ、「障がいの有無に関わらず、安心していきいきとボランティア活動に参加できるよう、募集、研修、配置等、それぞれのプロセスにおける環境整備に取り組んでいく。また、配置・活動に当たっての配慮や支援を要する内容を申込時に把握するための方法等について検討していく」（同上）と示されている。

もちろん、障害当事者が行うボランティアは、「障害者スポーツ」に限定されるものではないが、障害者スポーツにおけるボランティア活動は、これまで同様の健常者が行うボランティアと、障害当事者によるボランティアの2側面から考えていくことが必要である。

## 健常者―障害者関係におけるボランティア

障害者スポーツのボランティア活動にまつわる課題について、とある競技団体で活動する人物が述べたことから出発しよう。以下の引用はもともと筆者との私信であることから、幾つかの部分を匿名性の担保のため改変していることを先にお断りする。

> この競技に関していえば、やはりその特殊性と、関わる機会が少ないことが、ボランティア活動から継続的な支援者へと定着しづらい原因になっており、継続的な活動につながっていないので、その都度この競技を知っていただき、基本から教えてささやかなお手伝いをいただくにとどまっているというのが現状かと思います。理想を言えば、各地にこの競技の活動の拠点があって、あちこちにその仲間となるボランティアの方がいて、それがチームのスタッフや、はたまた日本代表の活動に参加していただいたりと発展していければいいと思うのですが、なかなかそうはなっていません。活動の場面が少なく偏っているので、広がって、続いていきにくい点を、私たちがもっと魅力あるものにしていかないといけないと思っています。

ここで述べられていることで興味深いのは、障害者スポーツの現場にいる人間にとって、ボランティアの問題がその人数の確保ではなく、その継続性にあるということであろう。おそらくボランティアの人数はそれなり存在する。過去に笹川スポーツ財団が行った調査においてもボランティアを他者からの要請によって行うことになった「依頼型」の実施者が全体の約8割ほどだったという（笹川スポーツ財団、2004）。全国障害者スポーツ大会などにおけるボランティアもそうだろうし、現実に筆者の所属している大学もいくつかの障害者スポーツの競技団体との協定のうえ、大学生にボランティア活動への参加を依頼している。このことからも、ボランティアの人数を確保することはある意味、そこまで大きな問題ではない、といえる。言い方を変えれば、障害者スポーツ当事者、ボランティア活動の主体、両者を仲介する主体という3主体を想定したとき、ボランティア人数の確保という問題は、主としてボランティアを派遣しようとする仲介する主体の側にとってより重要な問題であるといえるだろう。ということは、障害者スポーツのボランティアで考えなければいけないことは、パラリンピックや全国障害者スポーツ大会、各競技団体の主催試合のようなイベントよりも、日常の活動におけるボランティアということになる。当事者の主体は、活動に参加してくれたボランティアの継続性の問題を日々の活動について重要性を感じているのだから。

だからといって、大会に関連したボランティアに問題がないわけではない。確かにボランティアの人数は問題ではない。しかし、その内容は問題である。大会等におけるボランティアの活動の多くは、スポーツにおけるゲームという核から分離しすぎていないだろうか。全く専門性が必要なく、誰でもできる活動内容を「ボランティア」として動員することは妥当だろうか。もちろん障害者スポーツ大会のボランティアだけの問題ではないが、大会に関わるボランティアは「動員と（コアな活動からの）分離」のキーワードで特徴づけられるだろう。「支えるスポーツ」という言い方は、こうした「動員と分離」を覆い隠し、あたかも能動的であるかのように錯誤させていないだろうか。

一方、日常的な活動に対するボランティアは、それを初体験する人びとと、競技団体やクラブで継続的に活動をしているエキスパートの2つに分離してしまっている。そのため継続的にボランティアを行う中間層とよべるような、経験を重ねて活動している人が少ない状態なのである。したがって、障害者スポーツにおけるボランティアの問題とは、人びとに活動を継続させる仕組みがないという、障害者スポーツの活動を取り巻く環境の問題である。障害者スポーツのボランティアといったときの特徴が最もよくあらわれるのが、このタイプのボランティアであるだろう。

大会やイベントのボランティアが「動員と分離」で特徴づけられるとしたら、この日常的実践に関わるタイプは、「共在と一体」として特徴づけられるといえるのである。まず、障害者スポーツのプレイの形式の面から考えてみよう。いくつかの種目は、実はプレイヤーを「支える」存在によって成立している。わかりやすいのは、視覚障害者の陸上競技における伴走者である。あるいは、ブラインドサッカーの「コーラー」である。健常者―障害者の関係においても、一方的で非対称な支える形式ではなく、両者が一体となって一つの競技、一つのプレイが生み出されている。この点について北海道大学の山﨑貴史氏の指摘が非常に重要である。山﨑氏は筆者との議論のなかで、「ゲームそのものへの他者の参加」

と『する』と『支える』が切り離されない」という点に障害者スポーツの可能性があると言う。

つまり、障害者スポーツにおける日常的実践へのボランティアは、イベントボランティアとは逆にその活動が分離しているのではなく、一体のものとしてありえるのである。これをボランティアの「共在と一体」というワードで捉えておこう。「する」と「支える」が一体化して、プレイヤーもボランティア（支える人）も共に在る＝共在することで実践が成り立つ場だともいえる。おそらく、活動の継続性を得るためには、そうした「共在と一体」による楽しみを作っていくことが求められている。

障害者スポーツのボランティアは大会等の場合、大規模な大会であれば、ボランティアは集まりやすく、それ以外でもいくつかの機関との連携等をする動員によって成立している。しかし、日常的な活動において継続的に参加するボランティアは少なく、それを支える制度も不十分であるのが現状である。ボランティアが活動できる場所が少ないことは、反対からみれば、パラ・スポーツを実践できる場所や時間がないということでもあるだろう。

ところで、障害者スポーツのボランティが行われるとき、我々はボランティアをする側に着目しがちであるが、その活動を受けるとる障害者はどのように考えているのだろうか。身体障害者スポーツ実施者がスポーツボランティに対してどのような意識を持っているかを調査した山田力也（2002、2017）によれば、ボランティアに対して「困った」「嫌だ」等の不快な体験を1度でもしたことがあるものは、2001年の調査で約37％、2017年の調査で約40％となっている（山田、2002、2017）。またその具体的な内容としては、「期待とのくい違い」「支援（サポート）技術が不十分」が挙がっている。近年の調査結果のほうが悪化している理由として山田は「ボランティア支援に関わる問題そのものが16年前から改善されていないことと、ボランティアを『受ける（受容）』側」の感度の高まり」を指摘している。調査対象者の競技レベルが高度化したことで、受容者が自らの不快感を表明しやすくなったのではないかというのが山田の推測である。この16年間でボランティアの問題が改善されていないことは、非常に大きな問題である。だが、なぜ改善できないのか、という理由の答えはすでに示されている。ボランティア活動を行う側に継続性がないからだ。

障害者―健常者の関係性におけるスポーツボランティアの現状と課題は、

次のようにまとめることができる。まず、大会ボランティア等の一時的に多数の人手が必要になる場合は、すべてとはいわないけれども、連携する機関（大学等）との関係のなかでボランティアが動員される（動員と分離のモード）。

一方で、日常的な活動においては継続的な活動（スポーツ実践、ボランティアともに）が行えないことが問題になっている。原理的には、障害者スポーツの場は「共在と一体化」による楽しみが創発される場である。しかしながら、大会ボランティアは動員されてやってくるので毎回の参加者は、多くの場合、初心者であり、継続性がない。先に引用したように、「その都度この競技を知」り、「基本から教えてささやかなお手伝い」をしてもらうことが繰り返されているのである（「共在と一体化」のモードの不在）。ボランティアはこのようである一方、障害者のスポーツ実践者の裾野は広がっているわけではないため、全体としてこうしたボランティアに「不快」に覚える障害者スポーツ当事者の増加という状況がうまれているのかもしれない。

## 障害者—障害者関係のボランティアの可能性

これまでは、ボランティアの主体として健常者を想定し、その現状と課題について検討してきた。本稿冒頭で指摘したとおり、ロンドン大会以降は障害者自身が、障害者スポーツあるいは健常者のスポーツ大会へのボランティアへ関わるというあり方が注目されていることから以下では、障害者－障害者関係のボランティアの可能性について考えてみたい。そこで参考になるのが、東京都が２０１６年に行った「社会参加に関する障害者等の意識調査」の報告書である。この調査は「スポーツ大会や文化事業等に関する障害者等の意識を把握」するために行われ都内の18歳以上の障害者を対象として行われた。それによると、障害者がスポーツや運動を行っていない理由としては「活動したいが身体的にできない」が約50％、「活動したいと思わない」が約21％である。スポーツや運動を一緒に行う人についての項目では、「１人」が約53％であり、「ボランティア」と回答したのは約３％にとどまっている。その一方、スポーツを行う際に必要な支援として、「適切な指導者」がいることが25％にのぼっている。現状では、そうした指導者を有給で雇うことは難しいといわざるをえないため、この指導者はボランティアに頼ることになる。しかし、前述したとおりその環境は整っているわけではない。

〔複数回答〕（Q21）

| | 総数 | 何らかの活動に参加した／参加したい | 参加した分野：障害者、高齢者等の支援などの福祉、医療に関する活動 | 講演会、教室・学習会、展覧会等の企画・運営、手伝いなどの教育、文化に関する活動 | スポーツ大会などのスポーツ、運動に関する活動 | お祭り、町会・自治会などの地域の活動 | 企業の商品やサービスの開発・販売促進への協力 | その他 | 特にない | 無回答 |
|---|---|---|---|---|---|---|---|---|---|---|
| 今までに参加したボランティアの分野 | 1463 | 461 | 131 | 117 | 73 | 248 | 25 | 58 | 795 | 207 |
| | 100.0 | 31.5 | 9.0 | 8.0 | 5.0 | 17.0 | 1.7 | 4.0 | 54.3 | 14.1 |
| 今後参加したいボランティアの分野 | 1463 | 469 | 182 | 150 | 124 | 191 | 86 | 33 | 767 | 227 |
| | 100.0 | 32.1 | 12.4 | 10.3 | 8.5 | 13.1 | 5.9 | 2.3 | 52.4 | 15.5 |

**表１　これまでのボランティア経験**

出典：社会参加に関する障害者等の意識調査報告書 27 ページ

スポーツ観戦経験については、直接観戦（スタジアム等および沿道での観戦の合計）が約17％にとどまり、テレビ等の間接観戦が約70％、観戦経験がないが約19％となっていた。だが、1年間にコンサートや映画、演劇などに行った経験については回答者の約42％があると答えている。美術館・博物館などに行った経験のある人は約30％となっており、スポーツの直接観戦とくらべて両者とも高い割合を示している。

このスポーツの（直接）観戦経験者の少なさは、どのように考えたらよいのだろうか。筆者には、この数値の低さが、障害当事者におけるスポーツの地位の低さ、もしくは関係性の薄さを示しているように思える。

さて、障害者自身のボランティア活動についてみてみよう（表1参照）。東京都の調査では今までに何らかの分野のボランティア活動に参加したことがある障害者は31・5％（複数回答）であり、スポーツ大会などに対するボランティアはこれまでに経験がある人が5％、今後参加してみたいと答えた人が8・5％となった。講演会等のイベントにおける企画・運営ボランティアの経験がある人は8％だった。ボランティアをする際に必要な支援について、最も多い回答が「特にない」（18・5％）でありながら、その回答を除くと、「情報提供の充実」（15％）や「問い合わせ方法の充実」（12・9％）が上位に入っていることは、障害者自身は、特に支援がなくてもボランティアを行えると考えていても、そのための情報が入手できなかった状況が浮かび上がる。すなわち、ボランティアを仲介する主体が、障害者をこれまでボランティアの主体として捉えてこなかった様子がわかる。

この調査では東京２０２０オリンピック・パラリンピックについても聞いているが、非常に興味深い結果がでている。まず、両大会に「関心がある」、「やや関心がある」と答えたのはオリンピックで約75％、パラリンピックで約65％とオリンピックのほうが高く、具体的な観戦意向やボランティア参加意向もオリンピックのほうが高いのである。両大会に「関わりたいと思わない」と述べる障害者は、オリンピック（10・８％）よりもパラリンピック（12・９％）のほうが高かった。ボランティアとして関わりの希望についても、オリンピック10％、パラリンピック９・６％であった。本稿の課題からは離れてしまうが、スポーツ観戦経験でみたのと同様に、ここには一般障害者とパラリンピックとのズレが垣間見えてしまう。

東京都のボランティア戦略では、前述したように、多様なボランティア参加者を用意することを目標に掲げているが、現状で約10％程度の関心しか持たれておらず、実際のボランティア経験もあまりないなかで、本当に障害当事者がボランティアとして活動することを組織委員会は提供できるのだろうか。特に、都のボランティア戦略には、次のような文言がある。ボランティア希望者の大会時に活かせる経験や資質として「オリンピック・パラリンピック競技に関する基本的な知識」や「スポーツボランティア経験をはじめとするボランティア経験」」（東京２０２０ボランティア戦略：12）である。だが以上で見たような障害者自身の状況のなかで、障害者のボランティアに、「ボランティア経験」を求めることは妥当だろうか。この文言が、障害者のボランティア参加を阻む制約とならないことを祈ろう。

## ボランティアの記憶とともに

障害者スポーツのボランティアというテーマで思い出すのは、筆者が山口県のとある都市で勤務していた頃に、全国障害者スポーツ大会「おいでませ！山口大会」が開催されたことである。県内各会場に散らばって行われる全国障害者スポーツ大会において、筆者が勤務していた大学は、組織委員会との連携ということで、70名ほどのボランティアを供出することが決められていた。

「ボランティア」を「供出する」という矛盾に目眩を覚えながら、スポーツマネジメントを学ぶ学生に声をかけるものの、当初は十分に集まらなかった。結果としては動員を各部活動に頼りつつ、ボランティアに参加したものに対しては、「スポーツボランティア実習」

の名目で単位認定を行うかたちで人数を確保した。ボランティア論における「動員モデル」とも呼べない素朴な動員であった。恐らく、県内他の大学も同じようにして大会運営に必要なボランティアを確保していたはずである。２０１１年から6年たった現在も、実際の障害者スポーツの大会ボランティアの状況は変わっていない。文中でも述べたが、筆者の現在の大学でも、競技団体と協定を結んで、ボランティアの供出を行っている。

２０２０年のオリンピック・パラリンピックは、これまでの全国障害者スポーツ大会同様、臨時の人手をかき集めて、ボランティア活動を継続しない大量の初心者を生み出して終わってしまうのか、スポーツのボランティアの新しい風となるのだろうか。非常に月並みだが、単なる動員に終わってしまわないような仕組みづくりが必要である。「大会ボランティア」・「都市ボランティア」に対しては「動員と分離」のモードから解放されるような仕組みづくりが求められる。日常的な実践のボランティアについては、参加者が継続できるような「共在と一体化」のモードを作り上げる方策が必要である。私もかつてそうだったが、「共在と一体化」が生み出されているときは、自らをボランティアとは捉えずに活動していた。そうした人が増えることが重要であろう。

もっとも注目したいのは、障害当事者が２０２０年のパラリンピック（やオリンピック）にどの程度、関わることができるかである。特に、障害当事者のボランティアが２０２０年大会で、どのような位置に配置されるのかは、今後の日本社会における障害者の位置を考える上でも非常に注目すべきポイントであるだろう。（順天堂大学）

【文献】


笹川スポーツ財団（２００４）『スポーツ・ボランティア・データブック』笹川スポーツ財団。

笹川スポーツ財団（２０１６）『スポーツ・ライフデータ２０１６』笹川スポーツ財団。

塩田琴美・徳井亜加根（２０１６）「障がい者スポーツにおけるボランティア参加に影響を与える要因の検討」体育学研究61：１４９‐１５８。

山田力也（２００２）「身体障がい者スポーツ実施者からみた〈クライアント―ボランティア〉関係に関する研究」レジャー・レクリエーション研究48：1‐11。

山田力也・松尾哲矢（２０１７）「身体障害者スポーツ実施者からみたボランティアに対する意識及び関係性に関する研究」日本体育学会第68回大会体育社会学専門領域発表資料。

山下博武・行實鉄平（２０１５）「スポーツ・ボランティアに関する研究動向：スポーツ経営学からの批判的考察」徳島大学人間科学研究23：39‐55。

# スポーツする子どもへの支援

伊倉晶子

「スポーツは楽しい！」という〈記憶〉をつくることが、埼玉県志木市における私自身の地域活動の大きなテーマのひとつである。市民ボランティアとして、総合型地域スポーツクラブと、放課後子ども教室を運営する市民組織をつくり20年にわたり運営してきた経験から、地域における「スポーツする子どもへの支援」の一事例を紹介する。

## 重要なのは低学年期

例年、秋の運動会・マラソン大会シーズンに小学生を対象に「走り方教室」を実施すると多くの児童の参加があるが、参加のきっかけは保護者の意思である場合が多い。運動会、マラソン大会で高順位の児童の参加は少なく、「前回よりもひとつでも順位をあげられるように」「いやいやでなく走れるように」という、ちょっと切ない親心から我が子に教室への参加を勧めるというパターンである。

参加する児童は、保護者に勧められ素直に「うん、参加する！」という低学年が多い。低学年は「（まだ）走ることを嫌い」になっていない年齢である。人生におけるこの時期に「走ることは楽しい、スポーツは楽しい」とい

う〈記憶〉をつくることが最も大事だと、私は考えている。

小学校低学年期に、足が速く運動会やマラソン大会で活躍する児童の多くは、おそらく、生涯にわたりスポーツが好きで、機会があれば積極的に様々なスポーツを楽しめるであろう。反対に、この時期に「苦しい」「恥ずかしい」「できない」という体験を繰り返すと「スポーツは楽しくない」という〈記憶〉が残ってしまう。低学年時に保護者に「走り方教室」を勧められ、楽しそうに参加していた児童が高学年になり、「どうせムリだから」「運動は嫌いだから」と、自分の意思で参加しなくなるケースを少なからず見てきた。

「楽しい記憶」をつくることができるのは、低学年期のほんの2～3年である。

一人ひとりの子どものその時期に、確実に「スポーツは楽しい」という記憶をつくり、たとえ足が速くならなくても、マラソン大会で高順位にならなくても、「スポーツを嫌い」にさせてはならない。

### 3つの間：仲間の存在

大人にとってのスポーツは、時に人間関係の煩わしさやストレス発散などの意味も持ち、ひとりでも行える運動（ウォーキング、ランニング、ジム、登山等）が実施種目の人気上位を占めるが、子どもに「スポーツは楽しい」という記憶をつくり「スポーツを嫌い」にさせないためには、ひとりで行う運動ではなく、「仲間と共に行う」という条件が欠かせない。

子どもにとっての「楽しい」が、運動自体から得る心地よさよりも、それを通じた仲間との「笑い合い」だと、現場で子どもたちを見ていて強く感じるからである。

より多くの笑いが、より多くの楽しさを生み出す。鬼ごっこをして捕まっても、ドッチボールで当たってしまっても、仲間と共に笑った記憶は「楽しい記憶」として残る。

### 3つの間：時間空間の共有

「仲間と共に行う」ことは即ち「時間と空間」を共有するということだが、

子どもにとってのそれは、朝8時から夕方4時過ぎまでの8時間以上を、1年生から6年生までの異年齢の児童が共に過ごす「学校生活」のことであろう。

しかし、保護者の目線では、昨今の学校における仲間関係は、年を追うごとに限定的かつ固定的になっている。

児童間の新たな仲間づくりや、異年齢の交流を促進するようなレクリエーショナルな行事は年々減り、準備に時間がかからず学級単位でできる内容に変わっていると感じる。

仲間が増える、仲間を増やす機会が減っているということは「あそび」の種類が増えないことに通じる。休み時間も放課後もいつも同じ仲間といつも同じあそびをする。それがサッカーや鬼ごっこであればまだしも、まったく身体を動かさないあそびであった場合、「学校生活」という時間・空間だけで「スポーツは楽しい」という記憶をつくることは難しいのではないか。

そこで登場するのが「地域」である。私は「地域」は、低学年期に「スポーツは楽しい！」という記憶をつくるのに学校同様に適していると考えている。児童（特に低学年児）の日常生活のほとんどは、家庭と学校の往復であり「地域」は両方を含んでいるため、時間・空間にほとんど無理がないからだ。

そこで、地域の子どもに「スポーツは楽しい」という記憶をつくることを目的のひとつとして、3つの間を、空間は「学校」のまま、時間を「放課後」と「休日」に、仲間を「地域住民」に設定して、２００８年より活動を開始したのが、志木市放課後子ども教室「宗岡（むねおか）りんくす」である。

## 「放課後子ども教室」の社会的背景

「放課後子ども教室」は、２００４年より文部科学省（２００７年より厚生労働省と連携）が取り組みを開始した事業である。「学校と地域の連携・協働による事業」として数年ごとに変化しながら継続的に展開し、今も全国の実施数を増やしている。

事業開始当初の社会的背景には、共働きや核家族の増加、完全学校週5日制により放課後や週末の子どもの居場所の必要性が高まったこと。その反面、居場所として期待される地域社会では人間関係の希薄化が進んでいたことがあり、①子どもたちの安心・安全な居場所の確保と②地域社会の再生と充実というふたつの課題を解決する事業としてスタートした。

**表1　放課後子ども総合プラン**

| 事業名 | 管轄 | 事業内容 |
|---|---|---|
| 放課後子供教室事業『放課後子ども教室』 | 文部科学省 | すべての児童を対象に、地域住民の参画を得て、学習や様々な体験・交流活動、スポーツ・文化活動の機会を提供する |
| 放課後児童健全育成事業『放課後児童クラブ』 | 厚生労働省 | 保護者が労働等により昼間家庭にいない児童に、適切な遊び及び生活の場を提供する |

**表2　全国の「放課後子ども教室」の実施数（2015年8月文部科学省）**

| 平成23年度 | 平成24年度 | 平成25年度 | 平成26年度 | 平成27年度 |
|---|---|---|---|---|
| 9,733 | 10,098 | 10,376 | 11,991 | 14,392 |

多様な地域住民の参画により、学校等を活用して子どもたちの活動拠点（居場所）を確保し、放課後や週末等における様々な体験活動や地域住民との交流活動等行うというもので、2007年からは具体的な活動内容は市町村にまかされるようになった。

さらに、2014年には「放課後子ども総合プラン」が策定された。これは文科省の「放課後子ども教室」と厚労省の「放課後児童クラブ」という同学校で同児童を対象とする事業の相乗り整備を進めるものだ。その背景には、待機児童問題があり、2019年までに約30万人分の新たな児童の受け皿を整備することとしている。数字的には、放課後子ども教室を全国2万ヶ所で実施し、その内、放課後児童クラブと一体化したスタイルの「受け皿」としての子ども教室を1万ヶ所とすることが目標として定められている。社会的な課題とともに国の施策も変化し、もともと上記のような異なる性質をもつ事業も、省庁の枠を超えた連携がすすめられている真っ最中である。

## 「宗岡りんくす」の特徴

埼玉県志木市における放課後子ども教室「宗岡りんくす」は2008年10月にスタートした。半年間は市教育委員会の直轄事業であったが、09年4月より委託事業として市民団体に事業の運営全般が任され、4つの小学校区（4

**表3　宗岡りんくすの活動内容**

| | |
|---|---|
| 月曜りんくす<br>（月曜放課後） | ○宿題支援<br>○自由あそび（スポーツ、クラフト、ゲーム諸々） |
| 土曜りんくす<br>（土曜午前） | バドミントン、ドッチボール、卓球、フットサルなどのスポーツ系「ミニ大会」を実施 |
| サマースクール<br>（長期休暇） | ○宿題サポート<br>○写生教室、書道教室　等 |
| 教室 | 親子クッキング、手芸、クラフト、ダンス、ベーシックスポーツ等 |
| 季節イベント | 4月　親子ハイキング<br>5月　西武ライオンズ投げ方教室<br>6月　初夏の親子ハイキング<br>7月　ザリガニ釣り大会<br>8月　ジュニアキャンプ<br>9月　楽しく走るスクール①<br>10月　〃②<br>11月　〃③<br>12月　クリスマス会<br>1月　スキーキャンプ<br>2月　親子ハイキング<br>3月　パークゴルフ大会 |

小学校2中学校）を主な活動範囲にし、「住民同士の交流により、地域の子どもを地域で育む」を最大の目的として、表3のような活動を、地域住民を対象に通年で行っている。

宗岡りんくすでは、3つの間を、空間は「学校」のまま、時間を「放課後」と「休日」に、仲間を「地域住民」に設定していると述べたが、その中でも最も重要で特徴的なのは「仲間」の捉え方である。『地域』における『仲間』は、同年齢同世代とは限らない」「地域住民同士は仲間である」ということを前提に、それを強調して活動することで、地域の子どもに、確実に「スポーツは楽しい」という記憶をつくり「スポーツを嫌い」にさせない。スポーツだけではなく、学習面も含めたあらゆることを「嫌い」にさせないことを実現してきた。

「地域」には、老若男女、多様多彩な人がいるが、その関係には「学校教育」の場での先生と生徒や先輩後輩、「家庭」での親と子や兄と妹という固定した立場や役割はない。

「同じ地域（近所）に住むもの同士」というフラットな社会が「地域」である。

子どもに「スポーツは楽しい」という記憶をつくるために「仲間と共に行う」という条件が欠かせないと考えているが、地域では、大人と子どもは、指導者や先生や先輩としてではなく、共に行い共に笑う「仲間」として付き合っていくことができる。

そうした場合に「地域」は、様々な知見、経験をもつ私たち「地域の大人」が意図的にそして計画的に、そして比較的自由に、仲間である子どもの「楽しい記憶」をつくることが可能なステージとなる。

## 「仲間」であるためのルール

地域の老若男女が、共に行い共に笑う仲間でいるためには、大人が注意すべき、またはがんばるべきポイントが3つある。

**ポイント①：「宗岡りんくす」の存在意義・活動目的を大人たちがしっかりと理解していること**

私たちの活動では「スポーツ（種目）の上達や達成感、大会における上位入賞等」は目的とはしていない。仲間との交流、笑い合うことから「スポーツは楽しい」という記憶をつくることが目的で、その過程や付随するものとして、スポーツの上達や達成感等があると捉えている。

たとえば、「走ろう教室」を企画する場合には、単に上達を目指すだけの内容ではなく、仲間が共に行い共に笑いあえるようなプログラム内容を考えなければならない。

**ポイント②：活動の土台となる「安全、安心な居場所」をつくるために、大人が率先して「行い笑う」を体現し、子どもから「仲間」という認識と信頼を得ること**

宗岡りんくすでは、それぞれの呼び方は「あだ名」だ。子どもが大人を「〇〇ちゃんのママ、パパ」や「先生」と呼ぶことはなく、因みに私は「いくらちゃん」である。子どもが大人を「ちゃん」づけで呼ぶことで、一気に「仲間感」が出る。しかし、一緒にいたい「仲間」になるためには、大人が子どもと共に行い共に笑うことが必要だ。少々無理をしても、汗を流し、喜怒哀楽を表現して、子どもたちから「おとなげな～い」と言われてこそ、宗岡りんくすでは「合格」の大人となる。

その繰り返しで、一緒に居たい、信頼できる仲間同士になると、地域は、家庭や学校以外の「心身共に安全、安心な居場所」となる。

安心安全な居場所とは、制限したり囲いこむものでは決してない。

**ポイント③：誰もが共通に願う「地域のより良い未来」につながるような活動を行っていくこと**

たとえば、活動を何年も継続していくと「スポーツは楽しい」という記憶をもつ子どもたちが、大人になっていく。このことは、いずれ健康、福祉、医療面等という観点でも地域をより良くすると想像できる。また、子どもたちの行動範囲が高校、大学へと広がっても「地域」は常にある。宗岡りんくすには、不登校の児童、生徒も参加しており、子どもたちにとって「心身共に安全、安心な居場所」であることを感じる。

地域の老若男女が、共に行い共に笑う仲間でいるためには、一過性のイベントではなく、また、同一趣味のサークルでもなく、地域の誰もが共感することや、地域が抱える課題に取り組んでいく姿勢をもちながら、日常的に具体的な活動を展開していくことが重要だと考えている。

## スポーツする子どもへの支援

子どもが「スポーツする」か「スポーツしない」かは、本人の意思もさることながら保護者の事情が大きいと感じる。

家庭によっては、子どもの送迎や保護者の当番義務は、負担が大きい。経済的に支障がない場合には、送迎付きのスクールに通うこともできるが、それはできず、さりとて当番がある地域の活動にも参加させることができないという話をよく聞く。

「保護者や家庭の事情」で、子どもの学力や体力にも差がつくという実態は周知のことだ。

では、「地域のおとな」が「地域の子ども」のためにできることはないのか？　教員ではない、スポーツ指導者でもない、普通の地域住民が、子どもたちの現状を目の当たりにして考え、試行錯誤しながら行ってきたのが、これまで述べてきた「宗岡りんくす」の活動である。

私たちは、今、スポーツをしている子どもを支援することよりも、地域のすべての子どもに「スポーツは楽しい」という記憶をつくること、「スポーツを嫌い」にさせないことに重点をおいてきた。

成果や結果は、記録や順位などの数字には現れにくいが、東京２０２０オリンピック・パラリンピックがきっかけとなるかもしれないし、もっと先のことかもしれないが、宗岡の子どもたちは、もしも学校の体育の成績がよくなくても、スポーツが得意とはいえなくても、「スポーツを楽しむ」ことができる大人になると思っている。

今の大人たちは、そんなことをワクワクと話しながら、子どもたちが、その生涯にわたってスポーツを楽しむための「種」をまいているような心持ちで活動している。これも、地域における「スポーツ支援」のやり方のひとつであると考えている。

（志木市放課後子ども教室「宗岡りんくす」／共栄大学）

# スポーツボランティアの過去と現在

浦久保和哉

## 「スポーツを生業とする私」とボランティア

本稿では、自身のスポーツ業務の中で「スポーツ活動と、15年を超えるスポーツボランティア」と協働してきた経験から、スポーツの実務家としての考えを述べてみたい。

ボランティアという言葉が、ラテン語の「voluntas（ウォランタス）／自由意志」からフランス語に転じ「volunte（ボランテ）／喜びの精神」となり、英語の「volunteer（ボランティア）／志願者」を経て、「個人の自主的な活動である」となったことはご存知のことだろう。

「スポーツボランティア」についても、文部省（現・文部科学省）が「スポーツにおけるボランティア活動の実態等に関する調査研究協力者会議」（２０００）で定義した「地域におけるスポーツクラブやスポーツ団体において、報酬を目的としないで、クラブ・団体の運営や指導活動を日常的に支えたり、また、国際競技大会や地域スポーツ大会などにおいて、専門的能力や時間などを進んで提供し、大会の運営を支える人のこと」が紹介されることは定番になっている。それらは「地域スポーツクラブやスポーツ団体におけるボランティア活動」や「地域スポーツ大会、国際・全国スポーツ大会などをささえるボランティア」、そして「現役、引退後のプロスポーツ選手、トップアスリートによるボランティア活動」など3つに大別される（笹川スポーツ財団、2017）ことも周知である。

私自身3度のサラリーマンを経て、2010年からフリーランスの立場で活動を開始。クライアントの依頼に合わせる形で自らの肩書きや所属を変えながらも、スポーツに対しては「報酬を目的として」向き合い、若輩ながらスポーツ事業の推進に寄与できればという思いで、家族を養い、生きている。

つまり私自身は「スポーツボランティア」とは対局の立場で、これまで「クラブ・団体ボランティア」や「イベントボランティア」の方々と接してきたわけである。特に前者はスポーツ団体とのコンサルティング契約を結ぶ中、後者は過去約10年のシティマラソンやランニング事業のプロデュース業務における接点である。特に後者では審判員や大会役員といった「専門ボランティア」、また受付や案内、給水などをはじめとするランナーや参加者をサポートする「一般ボランティア」といわれる方との協働が多かった。

このような協働の現場において、私自身がスポーツに携わってきたし、それを通して「スポーツボランティアへの意欲の喚起や動機づけ」に取り組んできた。

スポーツボランティアについての論考で、何故「生業」を語るのか疑念を抱くかもしれないが、私のスポーツへの関わりは「スポーツ界の発展に資する」ことが大前提でありつつ、一方でそれを「報酬を目的としたもの」である。つまり「スポーツ事業の推進」ということを「仕事」としてきたわけである。しかしお目にかかるボランティアの方々でも、「クラブ・団体ボランティア」やイベントの「専門ボランティア」のように専門的なスキルやノウハウを提供しながらも別の職業を持ち、スポーツ事業への関わりは「無報酬」または「日当や謝金、交通費」など最低限の報酬を受ける程度の方が非常に多かった。よって「生業」として関わる私のような人間は奇異であり、訝しい存在のように扱われることが多い。中には生業である私の対価を「こちらはボランティアでやっているのに、あなたが報酬をもらうのはいかがなものか」と「仕事」を依頼しておきながらも「無報酬」での対応を要求されることも少なくはない。

本年3月に策定された第2期「スポーツ基本計画」でも、「スポーツ市場規模の拡大」が数値目標まで設定されて重要な施策として示された。ベースとなった「スポーツ未来開拓会議」でも「GDP600兆円を達成するためにはスポーツだけで30兆円程度の市場を作り出す必要がある。欧米の状況を考えれば十分可能で、欧米も20～30年前のスポーツ産業規模は大したものではなかったが、今では官民の努力で強大な成長産業となっている。アジアでも中国やシンガポールが国策としてスポーツの産業化を進めている。よって、この未来開拓会議では『産業化』の一点で議論し、成果を出すべき」とされ、「スポーツビジネスが拡大し富を生み出せば、その富を経済のあらゆる分野に再配分することができる。カスタマーファーストで収益を上げることが大事で、それが好循環して健康や教育におけるスポーツの価値も最大化され、アスリートのセカンドキャリアや障害者スポーツにも恩恵がある。こういったモデルは欧米では沢山の成功事例があるので、徹底的に研究し、日本でも同じ改革をするべき。欧米にできて、日本にできない訳がない」「スポーツ人口の減少はビジネスの面でも大きな問題。スポーツに親しみやすい社会を作るために、関係者がより一層連携し、様々な面で仕組み作りや応援をしていきたい」（スポーツ庁、2017）とスポーツを「産業」「ビジネス」と位置づけ、収益面での成長やその可能性について議論している。

スポーツ庁は2017年度から「スポーツ経営人材育成・活用事業」を掲げ、スポーツ業界の産業化やビジネス性を拡充するために、その現状や課題を踏まえ「スポーツ経営人材育成講座の開催」に取り組み「ビジネススキル獲得」「ナレッジの蓄積・共有」「人材の流動化」に取り組むようである（スポーツ庁、2017）。つまり、スポーツ界には、スポーツを産業として担うプロフェッショナルが求められているのである。

図は、スポーツボランティアの実態を把握できるデータとして笹川スポーツ財団が2年に1度実施する『スポーツライフ・データ』における「スポーツボランティア実施率と希望率の年次推移」である。実施率は「過去1年間にスポーツボランティアを行ったことが『ある』と回答した者」で、2010年に過去最高の8・4%を記録したものの、その後は伸び悩んでいる。一方、希望率は実施率を上回る結果を示しているが、どの調査年も実施率の2倍前後となっている。しかし、この両者は過去の調査で一度も埋まらないままである。自身のスポーツの生業を通じ、現場で見てきたスポーツボランティアやその活動の現実を裏づけている。

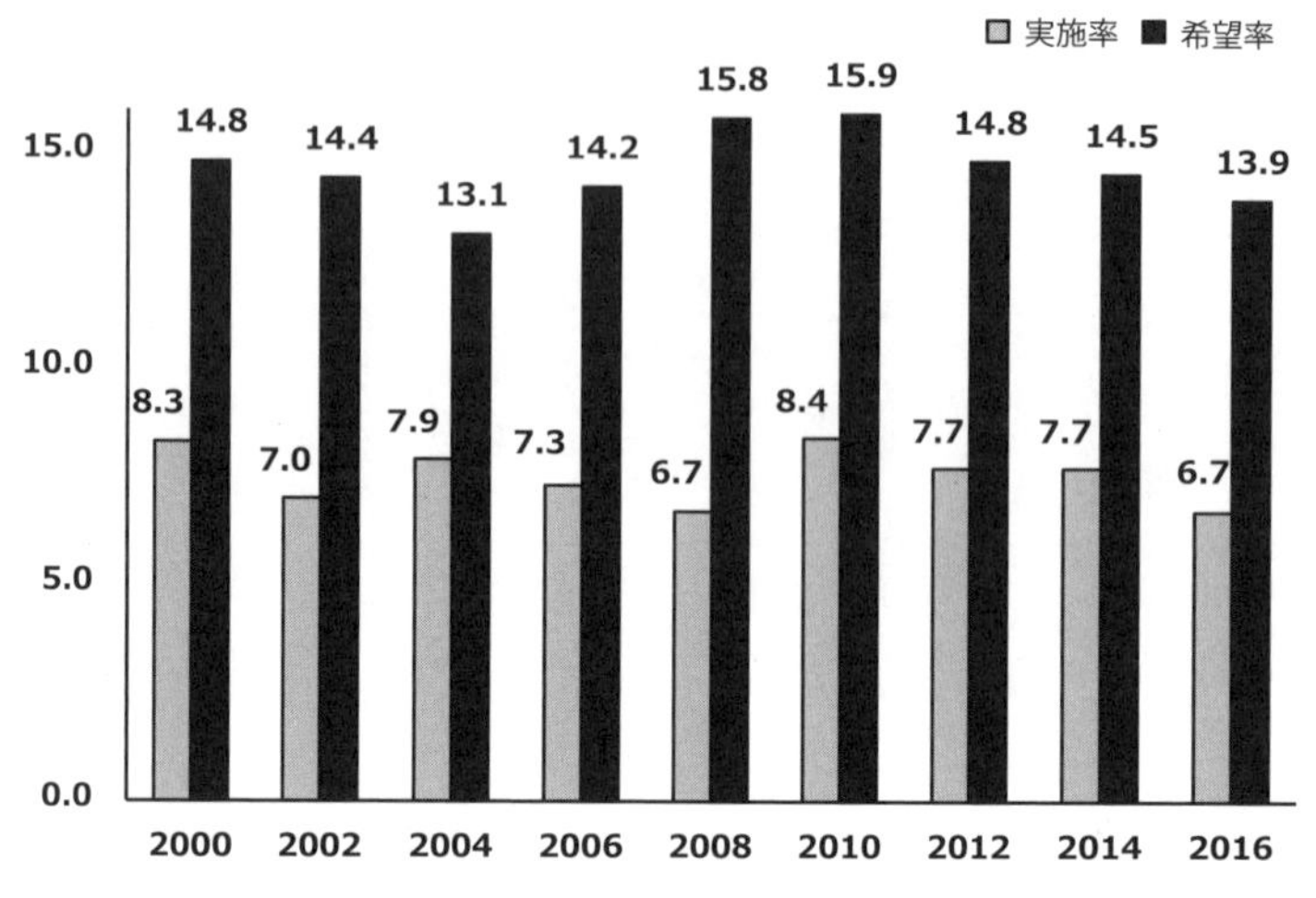


図　成人のスポーツボランティア実施率・希望率（%）
（笹川スポーツ財団「スポーツライフに関する調査」より）

　スポーツ界におけるスポーツボランティアの第一義的な起用は「不足人材の補充」で、「人件費の圧縮」が背景にあることは運営面のみならずスポーツ界のレトリックであり、私自身もその現場に多く立ち会ってきた。そのような状況下では、ボランティア活動の内容が曖昧で、その管理体制も不十分であった。「人的資源の補充」が目的の現場には、ボランティアをどのように位置づけ、どのような存在として扱うかという運営側の明確な意志がなかったのである。なおかつ、そのような現場は「専門ボランティア」と「一般ボランティア」という名称があるとおり、多くがボランタリーな人材で取り仕切られており、案の定、ボランティアに依頼する活動内容は精査されておらず、大会役員や審判員、また有償で動くスタッフとの役割分担や指揮命令系統が不明確で、その場しのぎの臨機応変な対応を求められるのである。

## ボランティアを近くで見て

　イベントなどに参加する多くの「一般」ボランティアは、イベントや事業に「貢献したい」という自主的な意識で参加する。しかし、現場はボランティアの意向や動機を考慮することなく、とにかく大量の人数を確保して「運営体制を補強できれば良い」という発想である。それではボランティアと主催側のギャップが埋まるはずはない。運営側が意欲あるボランティアの参加動機を汲み取り、大会や事業の理念、それに従ったボランティア活動の「位置づけ」を明確にし、そのための体制づくりに取り組むべきである。

ボランティア活動の原則に「自主性」「連帯性」「無償性」がある（東京ボランティア・市民活動センター、2017）。しかし、よく考えればわかるように、それをとりまとめる運営側には高度なマネジメント能力が問われるのは明らかである。ところが実態としては、その部分もボランタリーな状況である。高い意識を持った人を集めて活動の充実を図り、なおかつ瞬発力が必要な〝ナマモノ〟のイベントや事業を成功に導くには、ひとつの組織体として確立させることが必須の条件である。そのためには、ボランティアを統括する側が十分なノウハウを有し、体制を構築していなければ太刀打ちできるはずはない。「無償」で集まる「主体的な」多数の人材をコーディネートするには、「報酬」以外のそれらの方々への動機づけや意欲を促進させるような目に見えないインセンティブを提供できる専門性やそのノウハウが求められる。

私がスポーツのイベントや事業に参画した10数年前は、大半の現場が、そのような意識なく、前述したとおりボランティアを起用する目的は「人件費の圧縮」であった。「コスト」を抑制し、「手間」の削減が主眼におかれていたのが実状で、ボランティアの意欲や動機を推し量ったり、高めたり、次回の参加を促す施策を講じたりといった主催者側からの創意工夫はなかったように思う。

しかし、これに気づかないまま、ボランティア活動の原則を要求したり、義務を課したりすることは、スポーツのボランティアでは非常に難しいように感じる。災害時のボランティア活動のように、惨事や問題、被災者に対し悲しみや共感で向き合うこと事とは異なり、多くのレジャーやレクリエーション、その他の活動の選択肢がある中で、一人ひとりの自主性や意識だけでスポーツ活動やスポーツボランティア活動を選択できる時代ではもはやない。スポーツボランティアの活動に巻き込み、それを促すためには、参加する楽しさや意義、また各人の動機を満足させるといったプロデュース力が必要になる。これまでのような現場の「効率化」といったことで人の心は動くものではなく、人をスポーツボランティア活動に導く動機づけや高度で専門的なマネジメントスキルや体制が求められるのである。しかし前述したとおり、多くの現場が「専門」と「一般」と区別されるように、結局は「ボランティア」で構成されており、その中でイベントなどのボランティア活動として、一般的に想起される「ボランティア」である「〝一般〟ボランティア」を「専門的」にマネジメントする体制はあり得るわけも無かったのである。

スポーツ界にターニングポイントをもたらし、現在も日本のスポーツ事業の転換の好例として扱わることが多い「Jリーグ」は、創設以降リーグやジュニア世代から育成された選手が、日本代表や海外リーグへチャレンジして活躍するまでに至る今日の成果を大筋、批判する人は少ないと考える（当然、各施策やその展開で生まれる課題が山積していることはここでは触れないが）。その基盤や環境を創出して、日本のサッカー界をここまで拡充してきた背景は何であったのか。まさしく「有償化」に留まらない「プロ化」であり「産業化」ではなかっただろうか。

事業の継続性を担保するには、ボランタリーな組織では限界がある。人を集め、組織を作り、プロフェッショナルが育たないといけない。しかし、スポーツ界は長い間、学校や企業、そしてマスメディアといった団体が各種のスポーツ組織をサポートし、スポーツ界を支援してきた。運動部活動や実業団チームがスポーツ活動の基盤を形成し、そこで生計をたてる教員や職員、また社員選手や社員コーチが、スポーツ活動を支えてきたのである。地域においても、保護者や地域の篤志家がスポーツの裾野の拡大と強化に心血を注いできた。これについて私は否定しない。私自身もそれらの人々からの善意と強い意志に基づくサポートと理解で、学校時代のスポーツ活動やその環境を確保してきてもらってきたわけである。そのような過去があるからこそ、今、スポーツ界の末端に身を置き生業としているわけである。

是非は別として、日本陸上競技連盟の競技者資格の規定も、２００４年当時は「本連盟の登記・登録者が、陸上競技に関して著述、講義、講演、放送番組出演などにより、あるいは企業・商品などの広告行為によって報酬や利益を得ようとするときは、所属先責任者の同意書を添えて、事前に本連盟に届け出て承認を得なければならない」（日本陸上競技連盟、２００４）であった。しかし、今や「陸上競技は、広く門戸を開放されたスポーツであり、本規則および規定の適用を受けるものの、競技者は、陸上競技会に出場、参加、競技することに対し、または陸上競技への参加に関連したその他の商業活動に従事することに対しても、現金または適切であればどんな方法であっても、支払いを受けることができる」（日本陸上競技連盟、２０１７）とスポーツ選手の位置づけも時代と共に変化してきている。

そのような状況下において、主体的でかつ報酬を求めない「一般」ボランティアを集め、またイベントや事業に登用するためには、十分な準備や体制整備を無くして対応できるわけがない。

わずかな生業の経験の中で、私自身、様々な「一般」ボランティアの方にお目にかかってきた。マラソン大会でたくさんのボランティアに応援していただいたので、残りの人生をボランティア側にまわってサポートしたいという元ランナーの方、スポーツに関わる仕事はしたいが決意がいるのでボランティア活動で様子をみたいという方、Jリーグなど活動を〝はしご〟する〝プロ〟のようなボランティアの方、スポーツとは無縁だったがランナーやボランティアを目の当たりにし参加を志望する方、第二の人生を地域や仲間のために捧げたいという方など、動機は様々だが、いずれも多士済々が余暇活動として、各々の目的でボランティア活動に従事しているわけである。

そのような意識の高い方との出会いと、それらの動機を意に介さない運営側のボランタリーで未成熟な実態があったからこそ、私自身、スポーツボランティアを「人材不足だから」とか「運営コストの削減」ではなく「スポーツへの参画を促すきっかけ」や「スポーツの楽しさや価値を知り、体験する活動」と位置づけ、その方策や育成、マネジメント体制の構築のために生業にすることができたわけである。

仕事柄、ボランティア説明会を企画・開催し、マニュアルを作成し、スポーツの現場においてボランティアを統括してきた。その中で、ボランティアが行うべき事項を「活動」と呼び、主催者側が行うべき「業務」と、明確に仕分けを行い、マネジメントを行ってきた。当然、配下のスタッフや協力会社などに留まらず、主催者自身にもその周知徹底を図り、ボランティアの活動範囲を明確にし、その中での「活動」の充実を図り、「有償」で働く人たちとの役割分担に取り組んだ。「業務」と「活動」が混合せず、ボランティア側の「労働感」を想起させないような工夫や場づくりに腐心してきたわけである。

しかし、現状のスポーツ界の課題は先にも挙げたように「経営人材の育成」とされているが、一部の大きなイベントや国際大会などを除けば、ボランティアを統括する体制や活動の充実というマネジメントはまだまだ不十分なままである。加えて「無償」で行うボランティア活動は、そのマネジメントまで「無償」と考えられがちであり、非営利事業に対する大きな認識不足が生じている。非営利事業であっても、必要な経費や人件費は確保し収益を確保した上で、その収益を次の事業に再分配する。そうでなければ良い事業ができるはずもなく、また成果が生まれたとしても継続性が担保されない。そんな当たり前のことでさえもスポーツの現場はままならず、ボランタリーな部分にまだまだ依拠されているのである。

「幸福学」という学問領域では、金、モノ、地位など、他と比較される「地位財」といったものでは幸福が長続きせず、自らの環境や健康、心の要因といった「地位財」による幸せの方であるといわれている（前野隆司、2015）。その「心の幸せの要因」は「自己実現と成長」「つながりと感謝」「前向きと楽観」「独立とマイペース」という4因子にわけることができる（同上書）ようで、スポーツ現場におけるボランティアやその行動にもそれは見られるのである。

10数年前に視察したロンドンマラソンで、4万人近くのランナーの記録は小型機器をシューズにつけて自動計測されていた。このシステムは今や世界中で使用され、何も目新しいことはない。しかし、当時、この機器の取り付けに、ランナー自身の付け忘れや不備があることを想定し、その対応を小学生くらいのボランティアが、取り付けに関する注意喚起や装着の補助を行っていた風景に出くわした。そこで私が感じたことは、わざわざ「用事」を作り出し「ボランティア活動」に仕立てていたということである。その活動に参加する子どもたちにはスタッフウェアが配布され、幟旗が掲げられたブースが設けられ、ボランティア活動を「演出」されていたのである。子どもたちをフルマラソン挑戦前に緊張する大人と対面させ、「(ランナーにとって）大切な記録を刻む機器の装着」といった重要な役割と、「大人の完走と好走を促す」応援に参画させていたわけである。現地ではあたり前のことかもしれないが、これを目の当たりにした感動を今でも忘れない。これこそスポーツがもたらす価値のひとつの創出であり、各々のボランティアの主体性を引出し、加えて子ども時代から活動体験させるといったスポーツボランティアの好例である。

こうした経験を積み重ねた子どもたちは、またボランティア活動に戻るのではないだろうか。少なくとも、この時の光景が起点となり、私自身が、10年くらいスポーツ現場でのボランティアマネジメントに携わる原点となったことは間違いない。

## スポーツボランティアの課題

昨今、ラグビー、オリンピック、パラリンピック、マスターズなどの国際大会が国内で開催されることもあり、ボランティア募集やそのマネジメントなどがよく話題に登る。私の古巣・笹川スポーツ財団でも「日本スポーツボランティアネットワーク（ＪＳＶＮ）」を設立し、研修や国内各地のスポーツボランティア活動団体とのネットワーク構築などに取り組んでいる。

また「スポーツボランティア・ラウンドテーブル」という２０１６年からはじまった取り組みもある。元々はＪリーグを支えるボランティアが「ホームタウンサミット（ＨＴＳ）」として、ＪクラブやＪクラブのある自治体関係者などのボランティアが一堂に会し、カンファレンスと懇親会を行ってきたもので、２０１１年以降開催が途絶えたが、関東エリアのＪクラブボランティアの有志が集まり、昨年と今年の2回開催されている。それぞれ１回目１２８名、２回目１４２名の参加で、初回はＪリーグのボランティア活動がメインで、複数のボランティア活動を掛け持ちしている方が多かったのに対し、２回目はＪリーグの参加者が半数以下に減ったようであるが、代わりにマラソンやバスケット、各地でのボランティアの統括組織の方など横断的な集まりとなり、情報交換とネットワーキングに取り組んでいる（スポーツボランティア・ラウンドテーブル実行委員会、２０１７）ようである。さらに、そこに集まる人の中で、ボランティア活動がきっかけで講演活動を行ったり、ボランティア活動のマネジメントが生業になる人たちなども出はじめたり、ボランティア「活動」から「業務」への転換なども起き始めている。私が10年ほど仕事をしてきたマラソン業界でも、ボランティアセンターの運営や研修会の企画・開催、個別の活動毎にボランティアの方々をまとめるリーダーの養成事業といったボランティア統括業務も、今や各大会で予算化や企業協賛化され、人員や体制の整備や、それを「職」とするような人たち少なからず現れてきている。

先のスポーツボランティアの実施率と希望率が暗示するように「〝ただ〟では人は動かない」。とはいえ、間違ってはいけないのが経済的な「有償性」だけを求めているわけではなく、「自己実現」や「自身の成長」、他者との「つながり」など「非地位財」を求めている。

江戸時代後期の経世家、思想家である二宮尊徳は「道徳なき経済は罪悪であり、経済なき道徳は寝言である」と述べている。事業の成果を生むために投資が必要なのは、ビジネスの世界では当然。スポーツ界は「ビジネス」という響きに抵抗感があるのは否めないが、ビジネスや事業の本質は事業を永続的に遂行するための仕組みづくりとその理念や目的の共有である。

　スポーツ事業における「する」「みる」「ささえる」人たちへの最大の対価は「情熱」と「経験価値」であり、その中で事業を継続するには、最低限それに応える環境作りは重要である。そのためには、人の「意欲」を目に見える「地位財」への交換を超え、目に見えない各々が持つ無形な「意欲」や「動機」に応える「非地位財」のマネジメントの高度化とそれを実行できる専門家の登場とそれらのプロフェッショナル人材による多くの人を巻き込むエンゲージメント（きずなづくり）が重要になってくるのではないだろうか。

（スポーツプランニングプロデューサー／大阪体育大学）

【文献】

公益財団法人日本陸上競技連盟（2015）「国際陸上競技連盟競技会規則及び国内適用、第6条競技者への支払い」『陸上競技ルールブック2015』

前野隆司（2015）『幸せの4因子』を満たしていけば、幸せなまち、企業、社会を創ることができます」株式会社リクルートマネジメントソリューションズ研究開発部門「組織行動研究所」「2030 Work Style Project」運営＜2030年の「働く」を考えるホームページ https://www.recruit-ms.co.jp/research/2030/opinion/detail29.html

スポーツ庁（2017）「スポーツ未来開拓会議（第1回）議事要旨」（2017年9月18日）スポーツ庁ホームページ http://www.mext.go.jp/sports/b_menu/shingi/003_index/gijiroku/1368315.htm

スポーツボランティア・ラウンドテーブル実行委員会（2017）「スポーツボランティア・ラウンドテーブル実行委員会報告」スポーツボランティア・ラウンドテーブル実行委員会（2017年9月12日）

笹川スポーツ財団（2017）「スポーツ白書2017～スポーツによるソーシャルイノベーション～」

東京ボランティア・市民活動センター（2017）「ボランティア活動、4つの原則」（2017年10月10日）東京ボランティア・市民活動センターホームページ https://www.tvac.or.jp/shiru/hajime/gensoku.html

財団法人日本陸上競技連盟（2004）「本連盟の登記・登録会員ならびに本連盟の規約のもとで競技する競技者の資格に関する規程」（2004年4月修正）

特集 スポーツとボランティア

# ロンドン2012オリンピック・パラリンピックにおけるボランティア政策

金子史弥

## はじめに

英国の代名詞ともいえる「どんよりとした曇り空」とは違い清々しく晴れ渡った青空、ピンクや紫を基調としたデコレーションが施されたオリンピック・パークとスタジアム、そして、揃いのユニフォームを着たボランティア。2017年夏のロンドンで見られた風景は、多くの人々にとって自然と5年前の「ゴールデン・サマー」を思い起こさせるものであったに違いない。

2017年、英国のロンドンにあるロンドン・スタジアム（旧称オリンピック・スタジアム）では7月に世界パラ陸上競技選手権大会、8月に世界陸上競技選手権大会が開催された。その際、大会の運営を支えていたのは、1万5000人以上の応募者の中から選ばれた4000人のボランティア、「ランナー（Runners）」であった。彼ら/彼女らは大会スポンサーが提供したユニフォームを身にまとい、陽気に笑顔で、時にすれ違う人々とハイ・ファイブをしながら、スタジアムのあるクイーン・エリザベス・オリンピック・パークで観客を出迎えていた（図1参照）。また、スタジアム内では審判、

**図１　世界陸上競技選手権ロンドン大会時のクイーン・エリザベス・オリンピック・パークの様子。写真中央付近にいる女性がボランティア（2017年８月６日、筆者撮影）**

用具の設置係などの形で大会の運営に携わっていた。

この様子は、東京２０２０オリンピック・パラリンピック競技大会（以下、「東京２０２０大会」）の開催まであと３年であることを報じる日本のメディアでも取り上げられた。そこでは今大会のボランティアはロンドン２０１２オリンピック・パラリンピック競技大会（以下、「ロンドン２０１２大会」）の「レガシー」として位置づけられていた（国武、２０１７）。実際に、ロンドン２０１２大会組織委員会（ＬＯＣＯＧ）会長であり、現在国際陸上競技連盟会長を務めるセバスチャン・コーは、「ランナー」の募集を告知する中でこう述べている。

> 何十万もの人々が来年の夏、世界陸上競技選手権ロンドン大会のために、世界中から英国の首都へとやってくるだろう。そして、「ランナー」はクイーン・エリザベス・オリンピック・パークでの彼ら／彼女らの経験の重要な一部となるであろう。ロンドン２０１２大会の「ゲームズ・メーカー（Games Makers）」は格別であった。ゲームズ・メーカーは英国におけるボランティア精神を再燃させることに大いに貢献した。私は偉大な英国（Great British）の人々が熱心に、２０１７年の我々の大会に関わろうとすることを確信している。
>
> （IAAF, 2016）

このコー会長のコメントに留まらず、後述するようにゲームズ・メーカーをはじめとしたボランティアの存在は、ロンドン２０１２大会の「成功」の要因として語られることが多い。そこで本稿は、ロンドン２０１２大会のボランティアに関わる政策的取り組みを改めて整理するとともに、大会後、そうした取り組みが英国でどのように評価されたのか、あるいはどのような「レガシー」を遺したと考えられているのかを検討する。この作業を通じて、東京２０２０大会におけるボランティア政策のあり方について考えてみたい(1)。

## ロンドン２０１２大会におけるボランティア政策

ロンドン２０１２大会におけるボランティアのリクルート・育成に関わる政策的取り組みは、その目的に基づいて、（1）大会関連ボランティア、（2）大会の「レガシー」としてのボランティア、の２つに分けることができると考えられる。

### （1）大会関連ボランティア(2)

はじめに、大会関連ボランティアのリクルート・育成に関わる政策的取り組みについてみていきたい。ここでまず紹介すべきは、ロンドン２０１２大会の大会運営ボランティア、「ゲームズ・メーカー」である。ゲームズ・メーカーのリクルート・育成はＬＯＣＯＧの責任のもと、ＬＯＣＯＧより委託を受けた大会スポンサーであるマクドナルド社によって行われた(3)。ゲームズ・メーカーの公募は２０１０年９月25日から10月31日まで行われ、24万人を超える応募があった。その後、２０１１年２月から２０１２年３月にかけて書類審査を通過した10万人に対してインタビューが実施され、最終的には7万人がゲームズ・メーカーに採用された。採用された人々は２０１２年2月から7月にかけて行われた講習会・ワークショップ(4)への参加を経て、大会の運営に携わった(5)。

加えて、開催都市であるロンドンや競技実施会場となった他の自治体においては、多くの観光ボランティアが採用された。たとえば、ロンドンでは、２０１０年7月にロンドン市長のもと「チーム・ロンドン・アンバサダー（Team London Ambassadors）」プログラムが開始された。このプログラムは大会期間中に市内43カ所に観光ボランティアを配置するものであり、２万２０００人の中から選ばれた８０００人がこの活動に従事した。同様に、サッカーの競技実施会場となったマンチェスターでは「マンチェスター・アンバサダー（Manchester Ambassadors）」、セーリングの競技実施会場となったウェイマスとポートランドでは「ウェイマス・ポートランド・アンバサダー（Weymouth and Portland Ambassadors）」というボランティア・プログラムが展開された。

## （2）大会の「レガシー」としてのボランティア

一方、ロンドン２０１２大会の「レガシー」としてボランティア文化を構築しようという試みも存在した。そのひとつが欧州社会基金、ロンドン開発公社、ロンドン特別区からの出資をもとに展開された「パーソナル・ベスト（Personal Best）」というプログラムである。これは、長期失業者に対してゲームズ・メーカーをはじめとしたボランティアに応募する際に必要とされる基本的なスキルを身につける機会を提供するプログラムであり、２００６年から２０１１年の間に５００名の長期失業者を対象に実施された。また、イングランドにおける地域スポーツ政策を担当する政府系機関であるスポーツ・イングランドは、ロンドン２０１２大会の地域スポーツに対するレガシー・プログラムである「場所・人・プレイ（Places People Play）」の一環として、「スポーツ・メーカー（Sport Makers）」というスポーツボランティア育成・支援プログラムを実施した。このプログラムは国営宝くじからの助成金４００万ポンドをもとに２０１１年7月から２０１３年9月まで展開され、およそ5万人がその恩恵を受けたとされる。さらに、ロンドン２０１２大会のレガシーを引き継ぐことを目的に２０１３年に設立された、スポーツ、身体活動、芸術、文化、ボランティア、社会活動に関わる団体に対して財政支援を行うチャリティ組織「スピリット・オブ・２０１２（Spirit of 2012）」も、主に若者や障害者をボランティア活動に引き込むためのプログラムに対して財政的な支援を行っている。

こうした育成・支援プログラムに加えて、ボランティアの登録・検索システムも整備された。その代表例が「ジョイン・イン（Join In）」と「チーム・ロンドン（Team London）」である。ジョイン・インは、主にゲームズ・メーカーを中心にロンドン２０１２大会ボランティア経験者に対して地域のスポーツクラブ、スポーツイベントにおけるボランティア機会に関する情報を提供するウェブサイトである。当初は英国政府の市民社会局が２０１２年5月に設立した「ジョイン・イン・トラスト（Join In Trust）」によって、政府と国営宝くじからの助成金と、共同設立者であるブリティッシュ・テレコム社からの支援をもとに運営されていた。しかし、２０１６年夏以降は民間スポーツ組織の傘団体である「スポーツ・レクリエーション・アライアンス（Sport and Recreation Alliance）」のもとで運営されている。一方、チーム・ロンドンは２０１２年にロンドン市長によって設立されたウェブサイトであり、ロンドン市民に対してロンドンにおける観光ボランティア、地域ボランティアの機会に関する情報を提供している。

### (3)ボランティアと「大きな社会」

このように、ロンドン2012大会をめぐっては大会の運営を支える人的資源として、あるいは大会の「レガシー」として、ボランティアのリクルート・育成に関する様々な政策的取り組みが見られたわけであるが、これらの取り組みは単に大会の運営の支援もしくはレガシーとしてのボランティア文化を遺すことのみを目指していたのであろうか。ここで指摘しておきたいのが、当時のデイヴィッド・キャメロン保守党・自由民主党連立政権がその中心的な政策理念として掲げていた「大きな社会(Big Society)」論との関係性である。

「大きな社会」論の理論的特徴を検討した永島剛によれば、まず「大きな社会」という理念は、そもそもトニー・ブレアとゴードン・ブラウンの労働党政権と自らを対比するためにキャメロンが用いた概念であったという。すなわち、キャメロンは公共サービスに対する巨額の財政出動、中央政府による厳しい監視という点でブレア・ブラウン労働党政権が「大きな政府(Big Government)」であったと評し、このことが財政悪化や官僚主義的弊害、人々の政府への依存体質を引き起こしたと前政権を批判した。そして「大きな政府」の対立概念として「大きな社会」という概念を提示することで、「大きな政府」が健全な「社会」の発展を阻害しており、この「社会」を再生するためには各コミュニティの政府からの自立を促し、市民の協調性・互助性を活性化すること、つまり「大きな社会」を構築することが必要だと主張した。これに対して永島は、政府の財政赤字の削減と個人の自助努力を促進し「小さな政府」を目指しているという点で、いわゆるサッチャリズム的な新自由主義と「大きな社会」論の連続性を指摘する(永島、2011:119-120)。

いずれにせよ、キャメロン政権はその戦略文書の中でボランタリー・セクターを「大きな社会」を構築するための拠点として位置づけ、そのための方策のひとつとして人々が社会においてより積極的な役割を果たすように奨励すること、より多くのボランティア活動、慈善活動を促進することを掲げた(HM Government, 2010:3)。そしてこの文脈において、スポーツにおける「ボランティア」と「大きな社会」という理念は様々な政策的言説の中で強く結びつけられるようになった。たとえば、ボランティアの実施状況に関するある調査では、「『大きな社会』を構築することは、特に文化・スポーツ・セクターと直接的に関連するものである。なぜなら、このセクターは自らの繁栄において多くのボランティアと慈善的な支援に大きく依存しているからである」（TNS UK Limited, 2011: 1）と言及された（6）。

　こうしてみると、ロンドン２０１２大会をめぐるボランティア政策も「大きな社会」論と一定程度の親和性を持って進められていたことが理解できる。実際に、キャメロンはロンドン２０１２大会の成功とそこでのゲームズ・メーカーの活躍に対して賛辞を送るとともに、その活動が「大きな社会」の構築に寄与するものであったとしてその代表を官邸に招き、「ビッグ・ソサエティ・アウォード（Big Society Award）」という賞を授与している（Prime Minister's Office, 2012）（7）。

## ロンドン２０１２大会後の評価：「ボランティア・レガシー」の構築？

　ここまでロンドン２０１２大会におけるボランティアのリクルート・育成に関わる政策的取り組みを具体的に紹介してきたが、これらの取り組みはどのように評価されたのであろうか。

　本稿の冒頭でも触れたように、ゲームズ・メーカーをはじめとしたボランティアの活躍は、各種メディアにおいてロンドン２０１２大会の「成功」の要因として紹介された。たとえば、大会委員長であったセバスチャン・コーは閉会式で「我々のボランティアは素晴らしかった。彼ら／彼女らは限りない熱意と、善意と、ユーモアを持ち合わせ、優雅に仕事をこなしていた。それは今大会の顔であったともいえる」とコメントした（BBC, 2012）。また、当時のＩＯＣ会長であったジャック・ロゲも「我々は素晴らしいボランティアの笑顔と親切さ、そしてそのサポートを忘れることはないだろう。ボランティアはこの大会の本当に必要とされたヒーローだった」とボランティアの活躍に対して賛辞を送った（IOC, 2012）。

　また、英国の新聞各紙もその立場性の違いを超えてボランティアの活躍を賞賛した。たとえば、保守系のデイリー・テレグラフ紙は「自らの時間を大会のスムーズな運営のために捧げた何千人ものボランティアたちのパフォーマンスは、［競技者たちのパフォーマンスと比較しても］遜色ないほど素晴らしかった」と評した（Telegraph, 2012。カッコ内は筆者による補足）。一方、革新系のガーディアン紙も「［オリンピックに関する］すべての経験をこれほど多くの人々にとって楽しいものにしてくれたのは、何千人ものボランティアであった」と論じた（Guardian, 2012。カッコ内は筆者による補足）。

ロンドン２０１２大会におけるボランティア政策に対するこのようなポジティブな評価は、大会後に刊行された大会評価報告書およびレガシー評価報告書においても数多く見られた。たとえば、大会から1年後の２０１３年7月に文化・メディア・スポーツ省より刊行された報告書（Grant Thornton et al., 2013: 28-29）は、「大会はボランティアに対する情熱を高めた」という見出しのもと、ゲームズ・メーカーやチーム・ロンドン・アンバサダーの取り組みを評価するとともに、大会でのボランティアの活躍が多くのメディアや人々の関心を惹きつけ、その結果、多くの人々のボランティアに対する意識を向上させ、さらには実際のボランティア活動へと駆り立てていると後で紹介する「テイキング・パート（Taking Part）」調査をはじめとした様々な調査結果をもとに論じている。また、２０１３年7月より英国政府とロンドン市長は共同で『２０１２年がインスパイアしたもの：ロンドン２０１２大会のレガシー』という報告書を毎年刊行しているが（HM Government and Mayor of London, 2013, 2014a, 2015, 2016）、この中ではジョイン・イン、チーム・ロンドン、スピリット・オブ・２０１２の活動の成果が紹介されている。しかし一方で、英国議会の下院会計委員会と上院オリンピック・パラリンピックレガシー特別委員会はそれぞれ２０１３年3月と11月にロンドン２０１２大会に関する報告書を刊行したが（House of Commons Committee of Public Accounts, 2013; House of Lords Select Committee on Olympic and Paralympic Legacy, 2013）、そのどちらもが大会におけるボランティアに関する政策的取り組みを一定程度評価しつつも、ジョイン・インの設立が大会直前だったことをはじめとして、ロンドン２０１２大会のボランティア・レガシーを遺すための戦略・取り組みが十分ではなかったと指摘した。加えて、「一生涯のイベント」であるオリンピック・パラリンピックでのボランティア経験が、日常におけるスポーツボランティア活動へと必ずしもつながらないと両報告書では論じられた。

では実際に、ロンドン２０１２大会を契機に英国の人々のボランティア活動に対する意識・関わり方は変化したのであろうか。表1は２００５年より文化・メディア・スポーツ省が実施している文化・スポーツ活動に関する調査である、「テイキング・パート」調査のボランティア活動に関する項目の

表１　イングランドにおけるボランティア参加率の推移　単位：%

| 項目 | 2005/06 | 2006/07 | 2007/08 | 2008/09 | 2010/11 | 2011/12 | 2012/13 | 2013/14 | 2014/15 | 2015/16 |
|---|---|---|---|---|---|---|---|---|---|---|
| 過去12か月の間にボランティア活動を行った | 23.8 | 24.0 | 24.0 | 25.0 | 24.2 | 23.3 | 25.9 | 23.9 | 24.2 | 24.4 |
| 過去12か月の間にスポーツに関わるボランティア活動を行った | 19.2 | 19.4 | 19.6 | 21.3 | 20.7 | 17.5 | 21.9 | 19.1 | 20.9 | 19.3 |
| 英国がロンドン2012大会の開催権を獲得したことはより多くのボランティア活動を行う動機づけとなった | | | | | 6.6 | 6.0 | 9.8 | 8.9 | 9.9 | 7.4 |

出典：Taking Part Survey website をもとに筆者作成。
https://www.gov.uk/government/statistics/taking-part-201516-quarter-4-statistical-release

結果を示したものである。この表からは第１に、ロンドン２０１２大会の開催が自身のボランティア活動に対する動機づけとなったと回答した人の割合が、大会の開催された２０１２／１３年度を境に伸びた（前年度の６・０％から９・８％）点が読み取れる。ここからは、政府の報告書が論じているように少なくともボランティア活動に対する意識の面では、ロンドン２０１２大会が英国の人々に変化をもたらしたといえるだろう。しかし、第２に、ボランティア活動全般、スポーツに関わるボランティアへの参加率に関しては、確かに２０１２／１３年度には増加しているものの、この10年間の値は大きく変化していない。この点で、ロンドン２０１２大会が「ボランティア活動への参加」という実践面において「レガシー」を遺したとは現時点では言い難い。

## おわりに

本稿ではロンドン２０１２大会のボランティアに関わる政策的取り組みを整理しつつ、大会後、そうした取り組みが英国でどのように評価されたのか、また、いかなる「レガシー」を遺したと考えられているのかを考察してきた。ロンドン２０１２大会においては、大会運営ボランティアのゲームズ・メーカー、観光ボランティアのチーム・ロンドン・アンバサダーなどが大会を支え、その活躍は大会関係者やメディアによって大いに賞賛された。また、ロンドン２０１２大会の「ボランティア・レガシー」の構築を目指し、様々なボランティア育成・支援プログラムが展開されるとともに、ジョイン・イン、チーム・ロンドンといったボランティアの登録・検索システムも整備された。これらの取り組みには行政、組織委員会だけでなく、マクドナルド社をはじめとした大会スポンサーも大きく関与していた。

一方で、英国議会下院、上院の報告書が論じたように、英国政府がどの程度戦略的にロンドン２０１２大会の「ボランティア・レガシー」を遺そうとしていたのかという点については、疑問が残る。特に、スポーツ・メーカーをはじめとしたボランティア育成・支援プログラムの多くは時限付きのプログラムであり、プログラムで育成・支援したボランティアのその後の活用を含め、その成果が長期的なレガシーとして遺るのかは不透明である。また、「一生涯のイベント」であるロンドン２０１２大会のボランティアと日常のスポーツボランティアの違いについての英国議会下院、上院の報告書の指摘は、レガシーとしてのスポーツボランティア育成のあり方を考えるにあたり大いに示唆的である。

こうした批判を受けてか、英国政府とロンドン市長は２０１４年２月に発表したロンドン２０１２大会のレガシーに対する長期的ビジョンの中で２０２２年までの目標として「ボランティアの数を長期的に継続的に増やす」、「ロンドン２０１２大会によってボランティア文化を活性化し、英国中のコミュニティにしっかりと根付かせる」ことを掲げた（HM Government and Mayor of London, 2014b: 12）。また、翌２０１５年12月に刊行された英国政府のスポーツに関する新たな戦略文書『スポーツの未来：活動的なネーションに向けた新たな戦略』において、英国政府はスポーツ・イングランドに新たにボランティア戦略を策定することを命じた（HM Government, 2015: 38）。これを受けて、スポーツ・イングランドは２０１６年12月に『活動的なネーションにおけるボランティア：２０１７-２０２１年度の戦略』（Sport England, 2016）を策定した。こうした政策的動向が今後、ロンドン２０１２大会のボランティア・レガシーをめぐる言説とどのように結びついていくのか、また、実態としてどのような変化をもたらすのか、注視しなければならない。

最後に、ロンドン２０１２大会におけるボランティア政策が、当時のキャメロン政権が掲げていた「大きな社会」論と親和性をもって進められた点に留意する必要がある。確かに、ロンドン２０１２大会のレガシーとして、またスポーツ文化を支える基盤として、ボランティア文化を構築することは重要な試みである。しかし一方で、多くの論者が指摘しているように、ボランティアをはじめとした市民社会、市民セクターの活性化の議論は、新自由主義的な「安上がりの統治」を目指す政策的志向と容易に適合してしまう可能性がある（中野、１９９６：石坂、２０１２：金子、２０１２）。ボランティアをめぐるポジティブな（政策的）言説に惑わされず、その背景にある政治的意図を冷静に読み解くこと。このことが、真にスポーツ実践者が必要とするボランティア文化を創造する上で重要であろう。

東京２０２０大会まで３年となり、２０１６年12月には東京都と東京２０２０大会組織委員会によって『東京２０２０大会にむけたボランティア戦略』も公表された。ロンドン２０１２大会におけるボランティア政策とその成果を批判的に分析した本稿をもとに論じるならば、東京２０２０大会に向けたボランティア熱の高まりを「レガシー」として遺す仕組みを、大会スポンサーを巻き込みながら、いかに戦略的に構築できるのかが重要になるだろう。その際、考えなければならないのは、（１）財源の問題も含めて、大会後を見据えた形で戦略を策定すること、そして（２）スポーツ文化の発展という視点から、一般のボランティアだけでなく、スポーツボランティアを育成するための戦略を練ること、である。これらの点を具体化するために、大会関係者、スポーツ関係者、研究者、そしてボランティアとして当事者になる市民が集い、議論することが今まさに求められている。

（筑波大学）

【註】

（１）本稿は拙稿（金子、２０１４）の一部をもとに新たな資料、内容を加えて大幅に加筆したものである。なお、日本で当該テーマを扱った論考としては山本真由美（２０１２）、桜井千尋・大庭達哉（２０１４）、西川千春（２０１７）が挙げられる。

（２）本項を記述するにあたってはマーガレット・ハリス（Harris, 2012）、ジェフ・ニコルズ（Nichols, 2013）、ジョン・アダムソンとソフィー・スポング（Adamson and Spong, 2014）、ジェフ・ニコルズとリタ・ラルストン（Nichols and Ralston, 2014）、レオニー・ロックストーン・ビニーら（Lockstone-Binney et al., 2016）、ジョイン・インのウェブサイト（Join In, n. d.）を参照した。

（３）ボランティアのユニフォーム、その他用具の提供についてはアディダス社やコカ・コーラ社など他の大会スポンサーも協力した（Harris, 2012: 417）。

（４）この講習会・ワークショップは、マクドナルド社が同じく大会スポンサーであるブリティッシュ・エアウェイズ社とともに作成したワークブック（LOCOG, 2012）を用いながら、オリンピック、パラリンピックについての基礎知識、ロンドン２０１２大会の概要、担当する役割を遂行する上で必要な知識を学ぶとともに、実践練習を行う形で進められた。

（５）ゲームズ・メーカーとして働いたボランティアに対する調査研究（Nichols and Ralston, 2016）では、彼ら／彼女らが選考過程（選考期間の長さ、インタビュー面接官の経験不足等）、費用（交通費、宿泊費）の自己負担、シフトの組まれ方、連絡の遅さ、仕事の内容（希望と異なる役割を割り当てられる、自分のこれまでの経験とマッチしていない等）に関して一定程度の不満を抱えていたことが明らかにされている。

（6）スポーツにおけるボランティア活動の奨励と「大きな社会」論の関係性を指摘した論文としてはハイドン・モーガン（Morgan, 2013）などが挙げられる。

（7）ロンドン２０１２大会のボランティアと「大きな社会」論との関係については山本真由美（２０１２：１２７‐１２８）も参照のこと。

【文献】

Adamson, Jon and Spong, Sophie (2014) *Sport Makers Evaluation Final Report: March 2014*, CFE Research.

British Broadcasting Corporation (2012) “London Olympics: Coe Praises UK ‘Spirit of Generosity’” (13 August 2012), BBC News website http://www.bbc.com/news/uk-19246025

Grant Thornton, Ecorys, Loughborough University, Oxford Economics and Future Inclusion (2013) *Meta-Evaluation of the Impacts and Legacy of the London 2012 Olympic Games and Paralympic Games Report 5: Post-Games Evaluation Summary Report*, Department for Culture, Media and Sport.

Guardian (2012) “Editorial: London 2012: The Legacy of a Flag to Share” (13 August 2012).

Harris, Margaret (2012) “London’s Olympic Ambassadors: A Legacy for Public Policy Implementation?”, *Voluntary Sector Review*, 3(3): 417-424.

HM Government (2010) *Building a Stronger Civil Society: A Strategy for Voluntary and Community Groups, Charities and Social Enterprises*, Cabinet Office.

HM Government (2015) *Sporting Future: A New Strategy for an Active Nation*, Cabinet Office.

HM Government and Mayor of London (2013) *Inspired by 2012: The Legacy from the London 2012 Olympic and Paralympic Games*, Cabinet Office.

HM Government and Mayor of London (2014a) *Inspired by 2012: The Legacy from the Olympic and Paralympic Games Second Annual Report-Summer 2014*, Cabinet Office.

HM Government and Mayor of London (2014b) *The Long Term Vision for the Legacy of the Olympic and Paralympic Games*, Cabinet Office.

HM Government and Mayor of London (2015) *Inspired by 2012: The Legacy from the Olympic and Paralympic Games Third Annual Report-Summer 2015*, Cabinet Office.

HM Government and Mayor of London (2016) *Inspired by 2012: The Legacy from the Olympic and Paralympic Games Fourth Annual Report-Summer 2016*, Cabinet Office.

House of Commons Committee of Public Accounts (2013) *The London 2012 Olympic Games and Paralympic Games: Post-Games Review*, The Stationary Office Limited.

House of Lords Select Committee on Olympic and Paralympic Legacy (2013) *Keeping the Frame Alive: The Olympic and Paralympic Legacy*, The Stationary Office Limited.

International Association of Athletics Federations (2016) “Volunteer Programme Launched for IAAF World Championships London 2017” (28 June 2016), IAAF website https://www.iaaf.org/news/news/world-championships-london-2017-volunteer-pro

International Olympic Committee (2012) “London 2012 Opening and Closing Ceremony” (13 August 2012), IOC website https://www.olympic.org/news/london-2012-opening-and-closing-ceremony

石坂友司（２０１２）「特集のねらい：スポーツをめぐるポリティクスを再考する」日本スポーツ社会学会（編）『スポーツ社会学研究』20（2）：17‐22、日本スポーツ社会学会。

Join In (n. d.) About Us, https://www.joininuk.

org/about-us/

金子史弥（２０１２）「アドヴァンスト・リベラリズムのもとでの地域スポーツの『統治』：イギリス・ニューレイバー政権の地域スポーツ政策」日本スポーツ社会学会（編）『スポーツ社会学研究』20（1）：63‐75、日本スポーツ社会学会。

金子史弥（２０１４）「２０１２年ロンドン・オリンピックが創った新たなレガシー：スポーツ・マネジメント論／スポーツ社会学の視点から」公益財団法人吉田秀雄記念事業財団（編）AD STUDIES 50: 17-23、公益財団法人吉田秀雄記念事業財団。

国武希美（２０１７）「ロンドンから学ぶボランティアのレガシー」（２０１７年７月23日）ＮＨＫウェブサイト http://www.nhk.or.jp/parasports-blog/100/276071.html

Lockstone-Binney, Leonie, Holmes, Kirsten, Shipway, Richard and Smith, Karen (2016) *Evaluating the Volunteering Infrastructure Legacy of the Olympic Games: Sydney 2000 and London 2012*, International Olympic Committee Olympic Studies Centre.

London Organising Committee of the Olympic and Paralympic Games (2012), *My Games Maker Workbook*, LOCOG.

Morgan, Haydn (2013) "Sport Volunteering, Active Citizenship and Social Capital Enhancement: What Role in the 'Big Society'?", *International Journal of Sport Policy and Politics*, 5(3): 381-395.

永島剛（２０１１）「イギリス『大きな社会』構想とソーシャルキャピタル論：『福祉国家』との関係をめぐって」専修大学社会関係資本研究センター（編）『専修大学社会関係資本研究論集』２：１１９‐１３３、専修大学社会関係資本研究センター。

中野敏男（１９９９）「ボランティア動員型市民社会論の陥穽」『現代思想』１９９９年５月号：72‐93、青土社。

Nichols, Geoff (2013) "Volunteering for the Games", V. Girginov (ed.) *Handbook of the London 2012 Olympic and Paralympic Games, Vol.1: Making the Games*, Routledge, 215-224.

Nichols, Geoff and Ralston, Rita (2014) "Volunterring for the Games", V. Girginov (ed.) *Handbook of the London 2012 Olympic and Paralympic Games, Vol.2: Celebrating the Games*, Routledge, 53-70.

Nichols, Geoffrey and Ralston, Rita (2016) "Talking'Bout My Generation: Generational Differences in the Attitudes of Volunteers at the 2012 Olympic Games", *Voluntary Sector Review*, 7(2): 127-147.

西川千春（２０１７）「オリンピックの醍醐味：ロンドン、ソチ、そしてリオデジャネイロへ」二宮雅也（編）『スポーツボランティア読本：「支えるスポーツ」の魅力とは?』、32‐37、悠光堂。

Prime Minister's Office (2012) "Games Makers Win Big Society Award" (29 November 2012), HM Government website https://www.gov.uk/government/news/games-makers-win-big-society-award

桜井千尋・大庭達哉（２０１４）「ロンドンオリンピックで活躍したボランティア」自治体国際化協会（編）『自治体国際化フォーラム』３０１：17‐19、自治体国際化協会。

Sport England (2016) *Volunteering in an Active Nation: Strategy 2017-2021*, Sport England.

Telegraph (2012) "Telegraph View: A Golden Summer" (8 September 2012).

TNS UK Limited (2011) *Encouraging Involvement in Big Society: Cultural and Sporting Perspective*, TNS UK Limited.

山本真由美（２０１２）「発祥の地へ戻ったロンドン２０１２：成功体験とインスピレーション」清水諭（編）『現代スポーツ評論』27：１２６‐１３４、創文企画。

INTERVIEW

# 谷川 聡氏

筑波大学体育系准教授

# 人と社会が変わるコーチング

聞き手：清水 諭（筑波大学教授／本誌編集委員）

ところ：筑波大学
と き：2017年9月13日

【プロフィール】
谷川 聡（たにがわ さとる）
1972年東京都生まれ。筑波大学体育系准教授。110mハードルでシドニー2000、アテネ2004オリンピック日本代表ほか、世界選手権に3度出場。アテネ大会予選で出した13.39秒は現在も日本記録。著書に『子どもをアスリートにするための本』（メイツ出版、2012年）など。

## ボルト選手の引退

**清水**　谷川さんは、この夏、ロンドン2017世界陸上競技大会でテレビ解説をされていました。世界陸上やオリンピックといった国際大会で様々な選手の走りを見てこられてきましたが、どのような点に注目しているのでしょうか。

**谷川**　今回の世界陸上では、ジャマイカ代表のウサイン・ボルト選手が引退するということで、世界的に大きな注目を集めていました。〝走る〟ということで言えば、ウサイン・ボルト選手でもダチョウより遅いぐらいです。人間は、生き物の中では速く走れる部類に入りません。しかし、走るということは、誰もができる動きです。とてもシンプルな動きであり、だからこそ世界中の人が注目するのだと思います。「人類が100m走をどれだけ速く走ることができるのか」という期待を、ボルト選手が一身に集めていました。つまり、人々は世界陸上において、「駆けっこで誰が一番速く、どれぐらい速く走るのか」というシンプルな目線で見ていたと思います。これまで「長身の選手は短距離走に向かない」と言われていましたが、ボルト選手が出てきたことで常識が覆されました。常識だったこと、科学的に証明されてきたものが目の前でどんどん更新されていくということに注目していました。

**清水**　ボルト選手はどうして速いのでしょうか。骨格などに違いがあるのでしょうか。

**谷川**　ボルト選手は脊柱側弯症です。人というのは、物事がうまくいっているときは漠然と自分はうまくいくものだと考えがちですが、うまくいかない時に初めて自分を客観視したり、目標を設定したりするものです。そういった意味では、脊柱側弯症であったということが彼にはプラスに働いたのではないでしょうか。彼自身の競技への取り組み方にそれが大きな影響を与えたと思います。トップアスリートは、最初からトップレベルの人が多いので、なかなか壁にぶつかりません。記録が限界に来た時、初めて大きな壁にぶつかり、そして滑落していきます。彼は最初からうまくいかないことが多かったので、何をしたら自分が速く走ることができるのかを考え、様々なことを克服しながら記録を伸ばしていったわけです。課題が多いがゆえに、様々な人と関わりながらトレーニングを積んでいったのですが、そういった第三者、つまり、いつも一緒にいるコーチやトレーナーという関係性から一歩外に出て、他の国の人や専門外の人と情報を交換することで、自分を見つめ直すことができたというのは、ボルト選手にとって大きかったのではないでしょうか。

**清水**　谷川さんはその短距離走をどのような視点で見ていますか。

**谷川**　人間は二足歩行なので、四足歩行の動物のように走ったり跳んだりすることはできませんが、それでも動物的に走るのが一番良いわけです。右足と左足が空中に浮きながら足を回すという作業は、シンプルな動きですが、速く走るためにはバランスを取りながら、なおかつ速くしなければいけません。体が前に倒れるか倒れないかギリギリのところで右足を出して、また倒れるか倒れないかギリギリのところで次は左足を出して、といったバランスを崩すような動きを、バランスを取りながら、かつ速く行わなければいけない。これは矛盾した状態なわけです。それがギリギリのところでうまくできているかどうかというのが、いつも見ているポイントですね。

**清水**　足を速く回転させるということが、まずは必要なのですね。

**谷川**　たとえば、自転車をこいでいるときに、まずは右足で踏み込み、次に左足で踏み込むのですが、そこで左足を踏み外してしまうと転倒しますし、前に進むことができません。つまり右足と左足で交互に動かす作業を続けることで、結果的に足が回転するということになり、全力疾走の際にはその作業が速くなるので、回転速度も速くなります。

**清水**　バランスを取りながら速くしていくことが難しいわけですね。回すということは、足を前に踏み出す、そして着地する、蹴るという動きになると思うのですが、どんなところに気をつければ速く回すことができるのでしょうか。

**谷川**　地面と接地しているのは、足の裏しかありません。足の裏がどのようにして力を伝えているかということが大切になります。それから、歩行の反射と同じように走る反射もあるので、脊髄反射レベルでの反射を制御しながら動きを作っていくことが走るポイントになります。また、速く走るには足を着いた時に逆の足はどこにあるのか、どういった準備をしているかといったことが大切になるので、普段の歩き方やバランスのとり方が非常に影響しています。

**清水**　足の裏の力の伝え方、瞬間的に地面をつかんで蹴る動きといった足の裏の感覚が非常に重要だということでしょうか。

**谷川**　感覚というよりも、それが脊髄レベルで筋や腱が反射的に収縮することによって、次の足が出てくるわけです。どう足を着いたら反射的に次の足がどのようにして出てくるか、つまり、筋や腱のふるまいが足をどう着くかによって決まってきます。それは、普段履いている靴によって、あるいは、普段走っている地面によって筋や腱はふるまい方を学習していきます。そういった筋や腱のふるまいが学習する環境によって決まっていきますので、学習環境をどうするかが非常に大切だと考えています。

## 筋や腱のふるまい

**清水**　〝筋や腱のふるまい〟という言葉が出てきました。詳しく教えてください。

**谷川**　たとえば、野球のボールとスーパーボールと卓球のボールを同じ高さから落とした時、ボールのふるまい方はそれぞれ違います。物質的なそれぞれのふるまいは変えることができません。ですので、元々持っている素材のふるまい方をどう制御するかが重要であり、トレーニングとは、それをどう制御するか、ふるまい方をどうコントロールしていくかということになります。自転車に乗るという一つの動きであっても、自転車の種類が違えば乗り方を変えなければいけません。自分が持っているものに対してどのようにアプローチするか、選手が以前にどのような種目をしていたか、以前にどのような走りをしていたかということはいつも注視しています。

**清水**　筋や腱のふるまいは、個人でそれぞれ違うのでしょうか。

**谷川**　違いはありますが、見るべきポイントは二つあって、筋や腱がどうふるまうかという物質的な話と、その人がそのふるまいをどう制御しているかです。その人が子どものころからサッカーをやっている、野球をやっている、陸上をやっているといった違いによって、同じ人間でも筋や腱のふるまいが違ってきます。たとえば、サッカーでは相手をかわすための制御をしながら走ったり、ボールをコントロールして蹴るための制御をしながら走ったりします。野球では捕球してスローイングをするための制御をしながら走りますし、スライディングするための制御をしながら走ります。それを続けることで、筋や腱のふるまいがそういった制御を学習していきますし、何度も繰り

## INTERVIEW 谷川 聡氏

返すことで物質的な変化も生じてきます。特に日本の場合は、野球であればずっと野球、サッカーであればずっとサッカーといったように、一つの種目を繰り返し行うことが文化的にあるので、走り方にはその種目の特性が強く出ます。しかし、重要なことは、元々持っている筋や腱のふるまいをどう制御するかということです。

また、小学校5・6年生までは疾走能力も右肩上がりに伸びていくのですが、中学生ぐらいになると身体的変化が大きく、技術的にアンバランスになる時期があります。それと同様に、走り方も大きく変わり、疾走能力の向上にも停滞が生じているのではないかと、最近の研究で考えているところです。

**清水** 谷川さんは原口元気選手（ヘルタ・ベルリン）や山田直樹選手（湘南ベルマーレ）、中谷進之介選手（柏レイソル）といったプロサッカー選手の走り方のコーチングをされています。サッカー選手の走りに対して、どういったことを指導されるのでしょうか。

**谷川** サッカーはボールが中心で、それに向かって動いていきます。それから相手に対して走ります。サッカーはゴール前に向かうことを全力で競い合う競技ではありません。常に状況や環境に応じた走りをしなければいけません。ですので、環境に応じてどう走るのかということをいつも見ています。どんな準備をし、ジョギングをしているのか。相手がいる際に自分の動きをどう制御しているか、あるいは自分よりも能力が高い選手に対してどう自分自身を制御して動いているのか、そういった部分を見ています。

競い合った際に、自分よりも能力が低い相手だとリラックスした状態で、動きを制御しながらパフォーマンスを発揮することができますが、自分よりも能力の高い相手と競い合う時は、余裕がなくなり、その人の制御の仕方の癖が出てきます。また、その時に個人が持っている筋や腱の物質的な部分の特徴も現れてきます。つまり、そういった場面での改善が必要なわけですから、うまくいかない場面を見て、その人の制御がうまくいくようになるためのトレーニングを設えていくことが重要です。たとえば、手を伸ばして届くか届かないかぐらいの所に物を置いて、それを取るためのふるまいを学習させます。完全に届かないところに置いてしまうと、間違うふるまいを学習することになってしまいます。また、走っているときのピッチとストライドの関係で、本人の至適なストライドを大きくすると、かかとからの着地になってしまうけれども、ここまでならギリギリ前足部から着地ができるというストライド幅を設定して、学習させるなどです。このように、その人が持っている筋や腱のふるまいを正しく制御できるギリギリのところを設定して、トレーニングのメニューを組むようにしています。

**清水**　その人が自分の持つ筋や腱のふるまいを制御できる至適な限界の部分を探すわけですね。

**谷川**　そういうことです。

**清水**　それを探しつつ伸ばしていくということですね。

**谷川**　そうすることで本人が自分でうまく行ったかどうかを認識できるわけです。「運動の自己組織化」と言いますが、自分で自分の動きを認知できて、それを学習のモチベーションにし、さらに次の課題を自分に与えていくということですね。

**清水**　個人の筋や腱のふるまいをまずはよく観て、それを踏まえて、そこを伸ばしてあげるということが重要なのですね。

**谷川**　そういうことです。走るという運動は、弾むということがより上か、より前かということであって、速いということは前に進んでいるということなので弾まなくなります。遅い人は弾まないのではなく、地面にいる時間が長いだけです。地面にいる時間と上に向かって弾んでいる時間をできるだけ短くしながら、しかもそれが目的地まで早く到達すれば速いということです。スーパーボールが弾みながら進んでいくような動き、川で水切り遊びするときの石のように進んでいく動きが良いわけです。弾まないものを速く前進させることはできません。

また、地球上では常に重力がかかっています。地球で生きているのですから筋や腱のふるまいもエネルギー効率が良くなければ生物として成立しなかったはずです。つまり、人間は重力をうまく使いながら長距離を移動することができます。常に重力をもらいながら、筋のエネルギーを使わずに動く、つまり腱を使って動くということです。膝の曲げ伸ばしの少ない方が、アキレス腱や膝まわりの膝蓋腱やハムストリングスを効率的に使えます。筋や腱をエネルギー効率良くふるまわせてやることで、スピードが出るし、持久力も高まるということになります。スピードと持久力は同じカテゴリーで扱われるべきものです。「長距離と短距離はどう違うか」と聞かれれば、「基本的には同じです」と答えます。エネルギーをあまり使わずに速く移動しようとすれば、同じことになるわけです。究極的に言えば、素早く縄跳びを跳ぶように、筋を同じ長さのまま維持し、腱のみを収縮させて動くことが最もエネルギー効率の良い動きであるということです。つまり、筋や腱のふるまいの最も効率の良い部分を学習させることが、我々コーチがやらなければならない仕事だと考えています。効率の悪い部分は、本人がどれだけ認識できているかどうかです。本人がどこまで行くと制御できなくなって、どこまでだと制御できるかを学習することが大事です。

　１００ｍ走を10本やると、当然疲れがたまって動きが悪くなります。そこから根性で動きを良くしていくというトレーニングを選手にやらせることがありますが、本来の目的は１００ｍを効率良く、速く楽に走ることです。疲れた状態で効率の悪い動きを学習するのは、本来の目的とは違うわけです。心拍数を上げず、乳酸を出さずに走るということは、本来はスピード練習に分類されます。しっかり腱を収縮させるというのが最終的な目的です。

　また、きちんと筋や腱のふるまいを制御した状態で止まることができるということも重要です。関節角度を変えないで止まるということは、それが跳ぶ動きに繋がりますし、それが前方向に行くと速く走ることになります。したがって、いつも「止まる―跳ぶ―走る」という順番で教えていくようにしています。

**清水**　速く走るためには筋力が問題であると考えがちですが、腱をいかにうまく使って収縮させるかが大切なのですね。我々が見ても走り方が美しいと感じる選手は、腱がうまく使えているから一般の人とは走り方が違うように見えるわけですね。

**谷川**　そうですね。筋を収縮させるだけでは、反動を使って走ることができませんからね。

**清水**　つまり、それがリラックスと言いますか、筋をあまり使わずになめらかな動きになるということですね。

**谷川**　そういうことです。

**清水**　サッカー選手を見ていると、ボディバランスに気をつけながら、ボールをコントロールしつつ走るので、いわばガニマタで走るようになっています。そういった選手に対して、谷川さんはどのように指導されるのですか。

**谷川**　サッカー選手の場合は、インサイドキックを多用するのでガニマタになりやすいのです。蹴るために走り、蹴るために止まるので、どうしてもそういった筋の使い方を学習しながら走ってしまいます。そうすると、次第に止まることが困難になってきます。方向転換する際も、足をクロスさせて方向変換することがなく、オープンのまま方向を変えるので、次第にO脚になってしまいます。元々O脚ではない選手がO脚になる可能性は十分にありますし、X脚の人はあまりサッカーに向いていないということになります。

速く走るということに対して、O脚がどのような影響を与えるかは筋の長さと関係してきます。O脚だと足が長い人は横にぶれる幅も大きくなるので、ロスが大きくなります。それは故障にもつながっていきます。その点では、O脚だけれど足が短い人は、速く走ることが可能です。さらに、サッカーではボールをコントロールしなければいけないので、ボールにすぐ触れるようにピッチの速い方がいいですし、方向転換できることが重要です。つまり、サッカーで要求される走りは、状況を判断しながらボールを蹴ることができ、きちんと止まることができる走りです。サッカー選手から走り方について相談を受けていると、パスが中心の練習が原因になっていることが多いように思います。強い球を蹴るためには、軸足を止めて逆足でスイングするというシザースの動作が必要ですが、これは軸足で止まる、跳ぶ、走るという基本的に走ることと同じような動きになります。つまり、理論的には、速く走れる選手は強い球を蹴ることができるということになります。

最初に教えることは、片足でしっかり止まることです。きちんと止まることで、逆足をスイングすることができます。方向転換する際も同じです。きちんと止まることで、次の足を違う方向へ動かすことができます。止まれない限りは次の動作ができないので、それ以上は速く走れませんし、止まれていないのに無理に次の足をスイングしたり方向転換しようとすると、故障に繋がっていきます。

## 止まることの重要性

**清水**　まずは止まるということを、体に覚え込ませるということですか。

**谷川**　そうです。〝速く走る方法〟というと、ピッチやストライドについて語ることが多くなります。しかし、足を速く回すには、止まるという筋と腱のふるまい方を覚えさせなければ、最終的に活用することができなくなってします。腱が伸ばされるようにして止

まることで、次の推進力が生み出され、その推進力の方向で動きが変わります。走って、方向転換して、ジャンプして、キックしてといったそれぞれの動きは、推進力の方向が違うだけで、元々はすべて同じなのです。しかし、ジャンプ力だけが極端に低かったり、あるいは瞬発力が低いなどと表現されたりといったように、すべての動きが違うものとして教えられると、技術に片寄りが出てしまいます。跳ぶ、走る、蹴るという動きに対して、同じように筋や腱をふるまわせている選手は、それがうまく学習できているということです。逆に、シュートは強く打てるけれどヘディングは苦手という選手は、学習の仕方がおかしいということになります。

走り高跳びでは、どれくらいの速さで行けば踏み切る際にすべての力を上方向に転換できるか、どこまで行くと力を受けきれずにつぶれてしまうかということは、ジャンプの際に、踏み切る足が止まれているかどうかです。踏切足が止まることができる最大の速度で助走するのが最も良いのです。

ハンドボールは、特に止まる動作が必要な競技です。5～7mの範囲でダッシュして、ステップを切って、ジャンプして、シュートを打つという動作を連続させていくので、常にストップする動きが重要になります。一歩で止まれる範囲、2歩、3歩で止まれる範囲というように、自分の範囲を学習するところからはじめます。

**清水**　止まる動作における筋や腱のふるまい方を学習させ、覚え込ませるところから始めるわけですね。

**谷川**　そうですね。それをやることで勝手に足は速くなります。止まれる範囲でしか走らないように筋や腱が制御をかけるので、速く走れなかったわけです。スピードがない選手のほとんどが、止まれないから出力できないという状態です。サッカーの試合では、相手に寄って行っても、止まれなければ相手にかわされてしまいます。したがって、相手にかわされずに止まれるように寄っていくので、筋や腱がスピードを抑えて走ることを学習していきます。足を速くするコーチングでは、通常は前に走ることから教えますが、私は止まるところから教えます。

**清水**　きちんと止まれることで、方向転換がスムーズになったり、走り出しが良くなったりするわけですね。それは効率よく動くので持久力も上がるということになるのですね。

**谷川**　筋や腱が学習するので、筋や腱の収縮距離が勝手に伸びていきます。持久的なトレーニングをどうするかと聞かれますが、いかに効率良く動くかによって基本的には解決することができます。もちろん循環器系の問題や筋組織の問題もあります。しかし、必要なのはサッカーをしたときの持久力であって、マラソンをするための持久力ではありません。VO2max（最大酸素摂取量）を測定し、Yo-Yoテスト（シグナル音に合わせて20mの往復走を繰り返す、シャトルラン形式の持久力測定テスト）をしても、そこまで意味があるとは思えません。指導者が認識しやすくするためにテストをしているだけであって、試合中に使える持久力なのかどうかを測る上ではさほど役に立たないと思います。きちんと止まれず、すべての動きに無駄があるので後半の残り15分が走れなくなるという原因をわかってもらう必要があります。それがわからなければ、効率の悪い動きのまま永遠と走らせて、違う動きや効率の悪い動きを学習させ、スタミナが改善されるどころか、どんどん低くなっていくということになりかねません。

**清水**　そうした状況では、筋や腱のふるまいの制御が変わってしまうわけですね。

**谷川**　そういった動きを続けていれば、本来であれば早い段階で故障して競技を続けられなくなってしまうのですが、ギリギリのところで生き残っているのが今のトップ選手ではないでしょうか。

**清水**　ケガをするかしないか、あるいはケガを抱えながらやってきたかということですね。

**谷川**　サッカー界にはこれだけの競技人口がいるのに、足の遅い人がこれだけトップレベルに残っているということは、特に身長が高く足が速い選手は故障によって途中でいなくなっていることが多くいるということですし、それは練習の仕方が間違っているとしか思えません。

**清水**　足が遅いですか。

**谷川**　足が遅いですし、使い方を学習したら速くなる選手が大勢います。近年、日本人陸上競技選手には9秒台で走る選手が出てきましたし、9秒台に迫ろうという選手が何人もいます。リレーではメダルを獲得し、日本人は足が速いと世界から注目を集めています。一方で、サッカーにおいては、日本人は足が遅いという先入観がありま す。もちろん、それでも競技はできますが、それは言い訳でしかないと感じます。足の速い選手はハムストリングスの故障などを繰り返して、高校生ぐらいでリタイアしてしまっているのではないでしょうか。1980年代から90年代にかけて、陸上界にも能力のある選手が練習のし過ぎにより故障していなくなるという事例が多くありました。どのスポーツの世界もそうだと思いますが、タレントのある選手は足が速いのです。これをどうトレーニングしていくかということに陸上界が気づいたのが、この10年ぐらいではないでしょうか。その成果として、9秒台も出ましたし、それに迫る選手がたくさん出てきたのだと思います。

## 変わりゆくコーチング理論

**清水**　コーチングにおいて、これまでとは違う考え方が陸上界に広まってきたのでしょうか。

**谷川**　明らかに広まってきました。トレーニングをたくさんするということは、一つひとつのトレーニングに強度を獲得できないわけです。量が多くて強度を低くするという環境では、足は速くなりません。速筋線維が多い選手が、強度の低い練習を多くやれば遅筋線維の割合が増えるという研究結果も出ています。これまでは、そういうトレーニングをたくさんしていたということになります。また、試合数が増えたので、ゆっくりとした動きをする練習が減ってきたことも考えられます。今までは、試合数が多いとケガをすると考えられていましたが、試合数が増えることでトレーニング量が減って、トレーニングの強度が高まり、それを繰り返すことで強くなっていくということが分かってきました。運動強度の高い試合を繰り返すことで、記録が伸びていったということになります。ジュニアの高校生でも同様の成果が出てきています。試合に出ない選手はトレーニングのためのトレーニングをしてしまいますが、試合のためのトレーニングをさせるようにしてほしいと考えています。しかし、技術が伴わない高強度なトレーニングは非常に危険です。伝え方を間違えると、あるいはトレーニング方法を理解しないまま行うと、故障者が増えてしまうので注意しなければいけません。

**清水**　コーチングの理論といえる部分が、この10年で変わってきたということでしょうか。

**谷川**　そうですね。サッカーも今では小学生は8対8でやっていますし、低学年では5対5でやったりしていきます。しかし、トップチームではない選手は試合に出られず、練習のための練習をしているような場面を未だに見かけます。そこには全力がなく、また指導者も選手に「試合を想定して」と声をかけ、意識ばかりさせるけれども、試合には出さないので、結局筋や腱は学習しません。

**清水**　試合にたくさん出て、強度の高いトレーニングを短い時間でもどんどん取り入れていくのが良いという考え方は、どこから来たのでしょうか。

**谷川**　強い選手がそういうトレーニングをしているということが大きいですね。タバタ式トレーニングもそうですが、高強度であるということが鍵になります。これまでどのような練習をして、どのような部分を強化すれば足が速くなるかということが、積み重ねられ、組み合わせられることで、陸上短距離界は強くなってきたのではないでしょうか。その基準が共有されているのは大きいですね。

**清水**　谷川さんは現在も110mハードルの日本記録保持者です。

**谷川**　残念ながらそうですね（笑）。指導者としては、その記録を早く超えさせないといけないと感じています。

**清水**　コーチング論という領域において、考えていることは何ですか。

**谷川**　選手の体や競技レベルだけでなく、心の部分でも発達段階を意識するということです。発達段階に応じてコーチングを変えなければいけないということは、指導者として10年やってきて、強く感じたことです。選手に対して、「どうして理解してくれないんだ」と思う時期もありました。しかし、選手はそれぞれ経験してきたことも違うし、同じものを見ても感じ方や考え方は違うわけです。それぞれに応じて、考えさせ、時には突き放す。つまり発達段階に応じて指導していかなければいけないと感じます。それは個人に対してもそうですし、チームを作る際も同様です。

日本の場合では、集団で教えることが多いと思います。チームを作るためには集団心理が大切になります。個別のコーチングでは、選手の段階に応じて、こちらが指導を変えていきます。一方で、集団を指導するということになると、集団の中にはレベルの差が出てきますので、こちら側の態度や行動、言動を同じようにするようにしています。時によって違うふるまいをすると、選手は混乱します。選手に対して、自分の指導行動と育成行動における立場がどの辺にあるのかをはっきりわかってもらえるようにすることを心がけています。

社会人やトップレベルで指導する際には、選択肢を提示して選択させますが、学生を指導する場合には、まずはやらせてみて、それから練習前と練習後の変化を考えさせるようにしています。考えさせなければ自分を客観視することはできません。ボルト選手は側弯症ですが、そのまま走り続けていたらハムストリングスの肉離れをし続けて、途中でいなくなっていたかもしれないわけです。そこで、同じ練習をしてもどうして彼だけ故障するのか、同じ練習をしてどうして速くなる選手とそうでない選手がいるのかを考えさせることが、チームの土台となっていくと考えています。

**清水**　谷川さんから見て、世界的な名

コーチや名指導者はどなたでしょうか。

**谷川**　アメリカでコーチをされていて、ロンドン五輪ではイギリスチームのヘッドコーチをされていたダンパフコーチですね。イギリス代表のコーチにアメリカ人が招聘されるということは珍しいことで、それだけでもすごいということです。オーストラリア人で、ラグビー日本代表のヘッドコーチをされたエディ・ジョーンズさんも、現在はイングランド代表のヘッドコーチをされています。彼らは、国籍を超えて招かれるぐらいの優秀な指導力を持っているということです。

ダンパフコーチとコーチ像について話したことがあるのですが、「指導者とはfarmer（農場主）であり、よく見て、そして待て」ということを言われました。「コーチが設えた練習や指導を、選手がどのように練習をしているか、どんなふるまいをしているかをよく見なければならない。雨が降ろうが嵐が来ようが、それは同じである。どんな結果が出ても、しっかり見なければならない」と言われました。選手が、自分自身で達成したと思わせるためには、指導者はfarmerでなければならないし、成功したことを社会に還元するためには、指導者が最も頑張らなければならない。そういう人が増えることで、社会は良くなっていくと言われました。

一方で、エディさんに関しては、厳しすぎるところがあるように感じることもあります。しかし、ラグビー日本代表が２０１５年W杯で南アフリカに勝てたのは、間違いなく厳しさがあったからです。トップチームだけでなく、大学やトップリーグのチームにもコーチを派遣して、厳しくやらせていました。何を目標にしているのか、今いるチームだけでなく、最終的にどこを目標としているのか、ラグビー界全体で進むべき方向を考えるようにしていました。

**清水**　谷川さんはこれからどんな指導者になっていきたいですか。

**谷川**　人間には眠っている能力が多いので、それを引き出してあげる、気持ちを本気にさせてあげる、マインドセットさせてあげる。そして、それを当たり前のように繰り返すことで、人と社会が変わっていく。指導者とはそういったことができる仕事だと感じていますし、それができる指導者になっていきたいですね。

**清水**　指導者としての今後の活躍に期待しています。本日はありがとうございました。

## インフォメーション

# スポーツボランティア論

工藤保子

### スポーツボランティア論講座の大学での取組み事例

「スポーツボランティア論」というテーマをいただき、はじめに幾つかの大学で取り組んでいる講座について紹介したい。

順天堂大学スポーツ健康科学部では、（公財）笹川スポーツ財団（以下、ＳＳＦ）と連携・協力の協定を締結し、２０１５年度から「スポーツボランティアの進め方」講座（15コマ）を開講している。本講座はＮＰＯ法人日本スポーツボランティアネットワーク（以下、ＪＳＶＮ）の資格認定講座でもあり、履修後のレポート等による審査を経て合格した者には「スポーツボランティア・リーダー」資格が付与される。３年生以上が対象で、２０１５年度45人、２０１６年度62人と既に１００人以上がリーダー資格を取得している。本講座は卒業所要単位の科目として位置づけられているのも特徴である。

２０１７年度からは、亜細亜大学経営学部で「スポーツボランティア論」と「スポーツボランティア演習」を、大学２年生以上を対象に通年で開講している。前期は座学15コマ、後期は実習を主としており、35名が受講し、全員が前期でスポーツボランティア・リーダー資格を取得している。後期は自治体のスポーツイベントやトップスポーツチーム、障害者スポーツなどの現場で経験を積む活動を実習として行う。亜細亜大学の場合は、スポーツ系の大学・学部以外での取り組みという

コミュニケーションスキル演習の講義風景

点、通年での授業を開講している点が特徴である。

また、2017年度の後期からは、早稲田大学スポーツ科学学術院でもSSFとJSVNとの連携のもと、「スポーツボランティア」講座（15コマ）が開講される。早稲田大学の特徴は、映像教材を用いた映像授業であること。また早稲田大学としては、今後、単位の互換制度適用校のみならず、スポーツボランティア育成に取り組みたい他大学などにも映像教材の提供を検討しているという点である。

なお筆者は、亜細亜大学での前期15コマの授業と後期の演習、早稲田大学の映像教材の4コマ分を担当している。スポーツボランティア論として学生に伝えるべきことは多々あり、一層の内容の充実と、社会経験の少ない学生に対し、より理解を促すための工夫の必要性を感じているところである。

## 国の政策における スポーツボランティアの位置づけ

ここからは、「スポーツボランティア論」で取り上げている内容の一部を紹介する。まず、わが国のスポーツボランティアの位置づけを、国のスポーツ政策で確認している。表1はスポーツ振興基本計画とスポーツ基本計画の中での「ボランティア」および「スポーツボランティア」の文言の出現数とその掲載内容をまとめたものである。まず出現数をみると、2000年に策定されたスポーツ振興基本計画では、「ボランティア」の文言は6箇所掲載されているが、「スポーツボランティア」の掲載はなく、計画の見直しを行った2006年版に「スポーツボランティア」の文言が1箇所ようやく加わった。これは、中間見直しのパブリックコメント時に意見が寄せられたことも影響していると思われる。次の2012年に策定したスポーツ基本計画では、逆に「ボランティア」の文言はなく、「スポーツボランティア」の文言が14箇所と過去最も多くの箇所で掲載されていた。最新の第2期スポーツ基本計画では、「ボランティア」が9箇所、「スポーツボランティア」は6箇所と両文言に分かれた掲載になっている。

掲載内容については、2000年の計画では、総合型地域スポーツクラブや国際大会でのボランティア活動、学校の教職員による地域でのボランティア活動が推奨されていた。2006年の計画で、唯一1箇所掲載のあった「スポーツボランティア」は、『総合型地域スポーツクラブの育成に、有償スタッフやスポーツボランティアとして取組むことを期待する』と地域クラブでの活動についてのみ記載であった。2012年の計画では、スポーツボランティアに対して、国が取り組むべきこと、地方公共団体・スポーツ団体が取り組むべきことを明示し、大学生のボランティア活動を支援することにも言及している。最新の第2期の計画では、ボランティア団体間の連携や、障害者スポーツへのボランティアの参画や、障害者自身がボランティアとして活動することを促進する内容となっている。

このように、スポーツボランティアに対する取り組みについては、国のスポーツ政策の中でも、徐々に位置づけられてきて

**表1　国のスポーツ計画にみるキーワードの出現数と掲載内容**

| 国のスポーツ政策の具体的な方向性を示す資料 | Keywordの出現数 | | スポーツボランティア等の掲載内容 |
|---|---|---|---|
| | ボランティア | スポーツボランティア | |
| スポーツ振興基本計画（2000～） | 6 | 0 | 総合型SC、国際大会でのボランティア活動。教職員の地域でのボランティア活動 |
| スポーツ振興基本計画（2006～） | 5 | 1 | 総合型SC育成に有償スタッフやスポーツボランティアとして取組むことを期待 |
| スポーツ基本計画（2012～） | 0 | 14 | 国は機運醸成、地方公共団体は功績者を讃え、地方公共団体・スポーツ団体は参画機会を提供。大学生のボランティアを支援 |
| 第2期スポーツ基本計画（2017～） | 9 | 6 | スポーツボランティアの育成。大学の先進事例支援。ボランティア団体間の連携。障害者スポーツへのボランティア・障害者自身のボランティア活動促進。 |

文部科学省、スポーツ庁の資料より筆者作成

いることが確認できる。

## 全国調査にみるスポーツボランティアの現状

### (1)成人

次に、わが国のスポーツボランティアの現状を、笹川スポーツ財団の全国調査の最新の結果から確認してみる。図1には、成人の過去1年間のスポーツボランティアの実施率をみると、調査開始の1994年から最新の2016年までの23年間、7%前後で推移しており、横ばいの状態が続いている。男女の実施率の差も、調査開始当初ほどではないものの、依然として、男性の実施率が女性を上回っている状況が続いている。

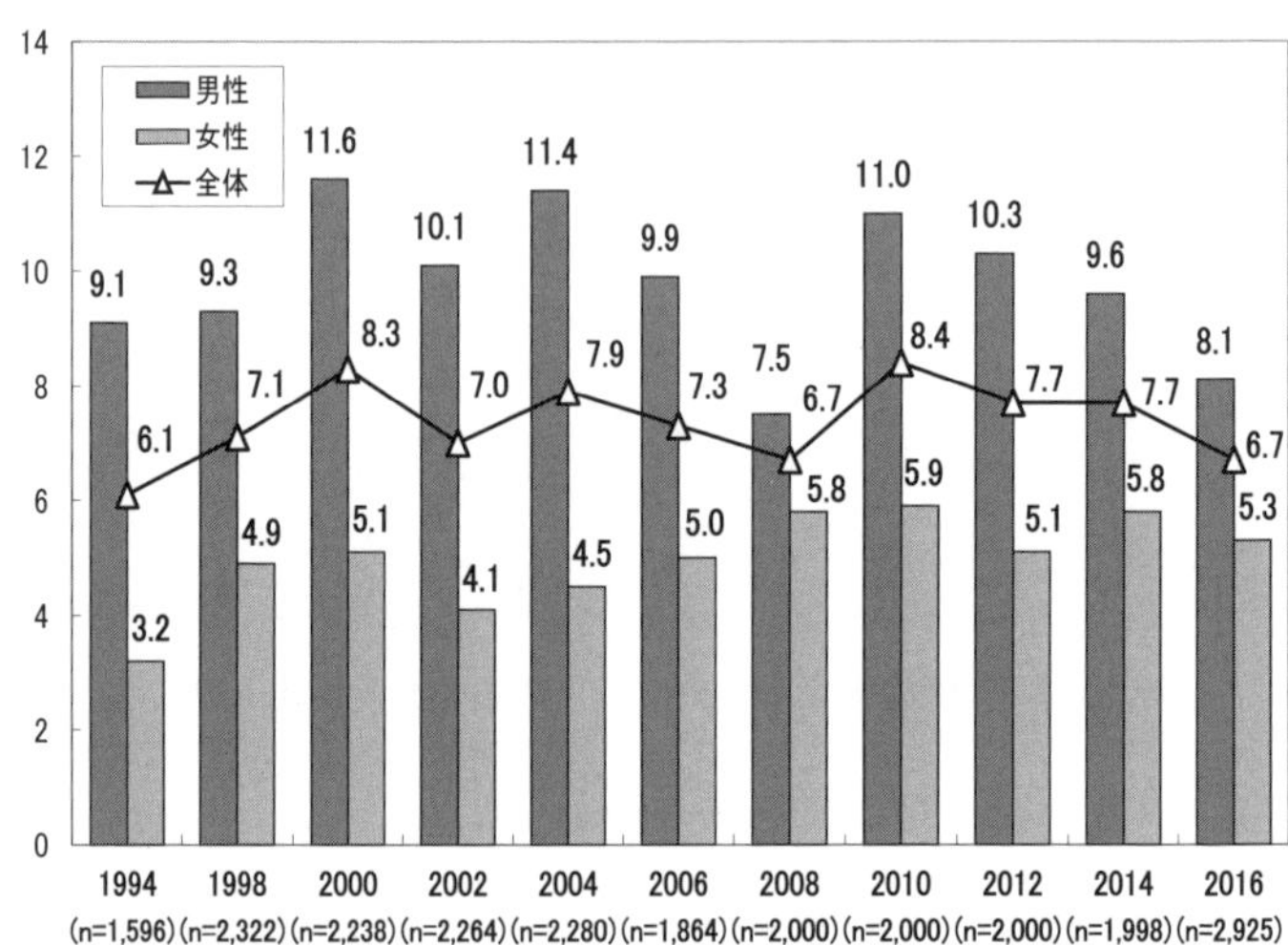


**図1　成人のスポーツボランティア実施率の推移（全体・性別）**
笹川スポーツ財団「スポーツライフに関する調査」2016より筆者作成

では、スポーツボランティア活動は成人において実施の希望はないのかどうか確認してみると（図2）、成人全体の実施希望率は、実施率の約2倍で、性別でも同様の結果であった。成人女性の実施率は約5%であるが、実

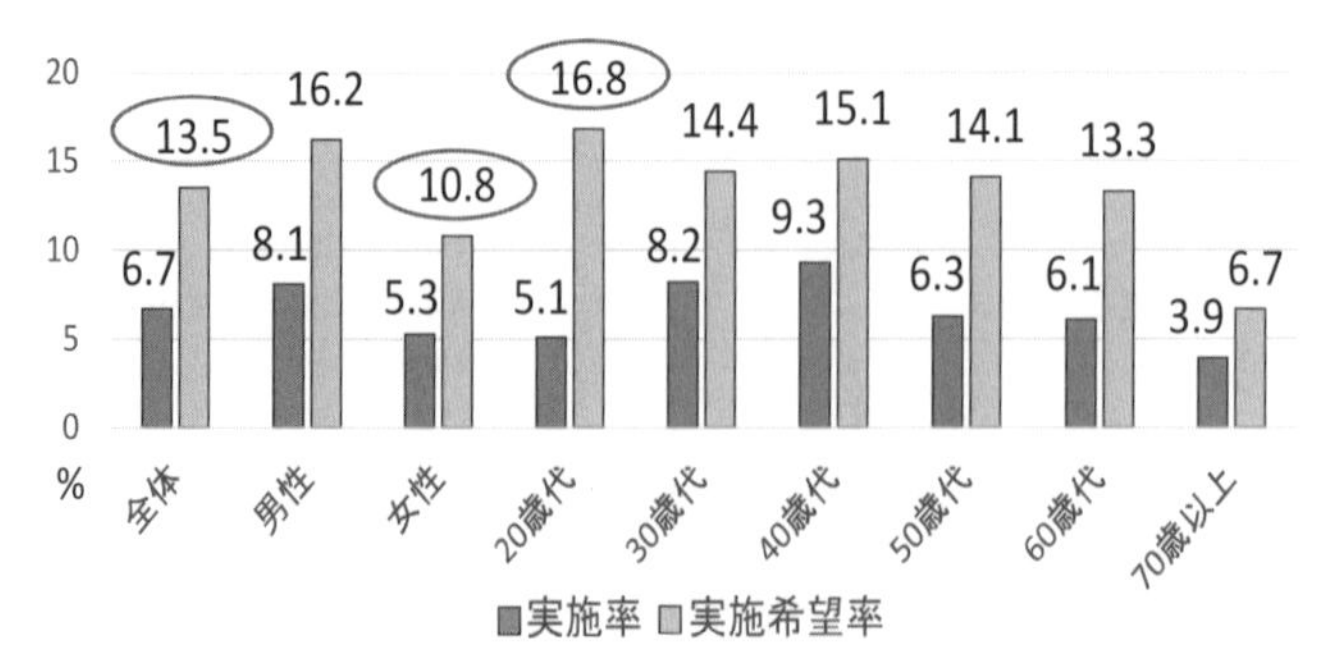


**図2　成人のスポーツボランティア実施率・実施希望率（全体・性別・年代別）**
笹川スポーツ財団「スポーツライフに関する調査」2016より筆者作成

施希望率は約10%であり、女性はスポーツボランティアに興味・関心がないわけではないことがわかる。女性もスポーツボランティア活動を行う条件が整えは、現在の男性と同程度の実施率になることも期待できる。また、年代別の結果をみると、実施率が最も高いのは40歳代であるが、実施希望率が高いのは20歳代の約16%であった。20歳代の実施希望率が最も高かったのは、2014年の前回調査に続いて2回目となっている。今後の動向も注視していく必要があるが、東京2020大会の開催決定や2019年ラグビーW杯の開催など、国内で開催されるビッグスポーツイベントへの期待の表れではないかと推察される。

**(2)10代(10~19歳)**

続いで、10代のスポーツボランティアの実施状況について、同じく笹川スポーツ財団の全国調査の結果から確認している。図3のとおり、2005年から調査を開始しているが、約10年間、10代の過去1年間のスポーツボランティア実施率は、成人よりも7ポイントほど高い13%前後で推移している。ただ、最新の調査結果では15%と過去最高の実施率となっていることから、次回の調査結果が待たれるところである。

10代の実施希望率をみると(図4)10代全体の実施希望率は、実施率の2倍以上で、性別でみると男子よりも女子の実施希望率がわずかに高いことがわかる。学校期別でみると、実施率・実施希望率ともに最も高いのが中学校期で、次いで高校期、大学期と続く。これらの結果をみると、成人よりも10代の実施希望が高く、今後、いかにこの年代の子どもたちにスポーツボランティアの活動機会を提供できるかが、将来の成人のスポーツボランティア実施人口の確保につながるものと考えられる。

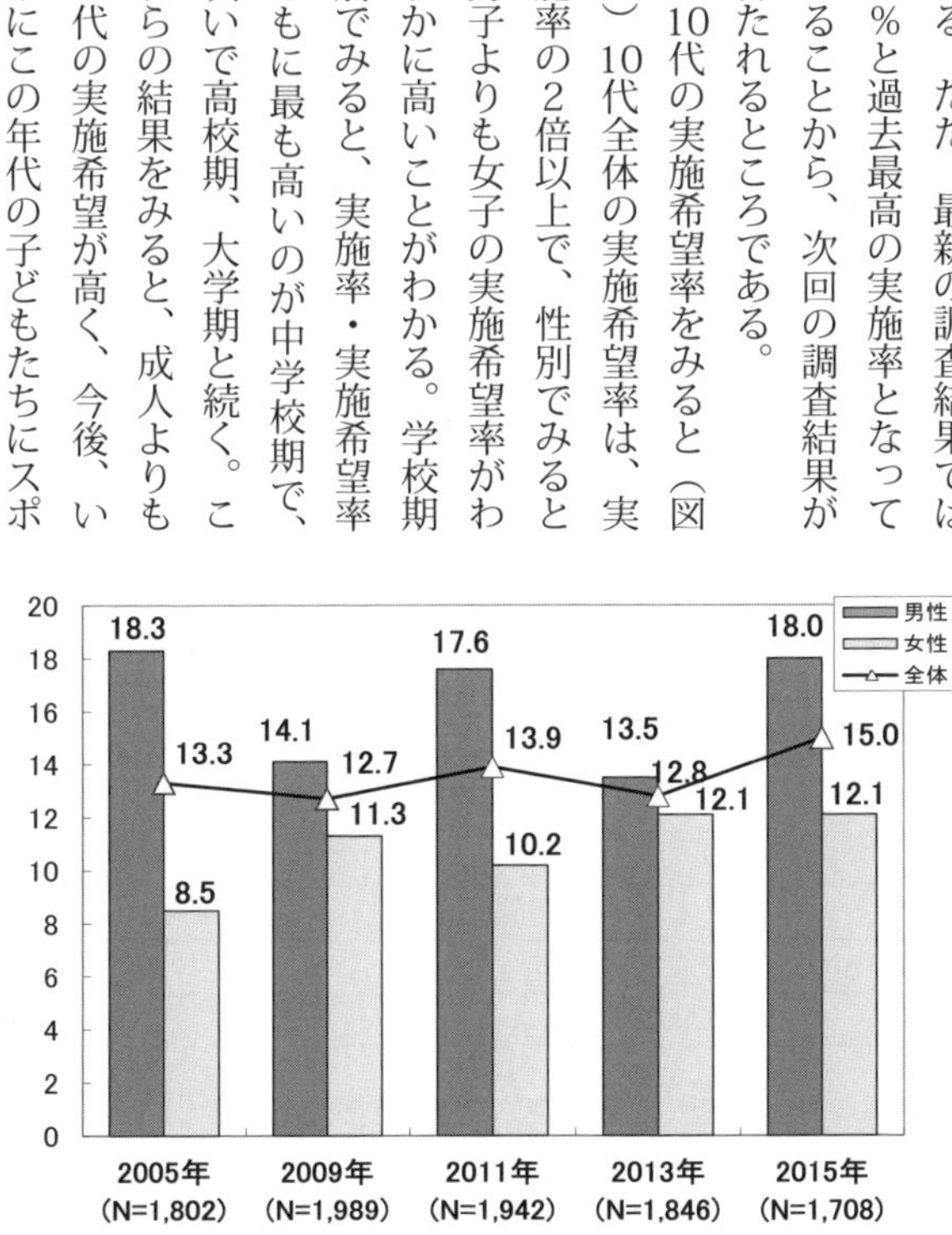


**図3　10代のスポーツボランティア実施率の推移(全体・性別)**
笹川スポーツ財団「10代のスポーツライフに関する調査」2015

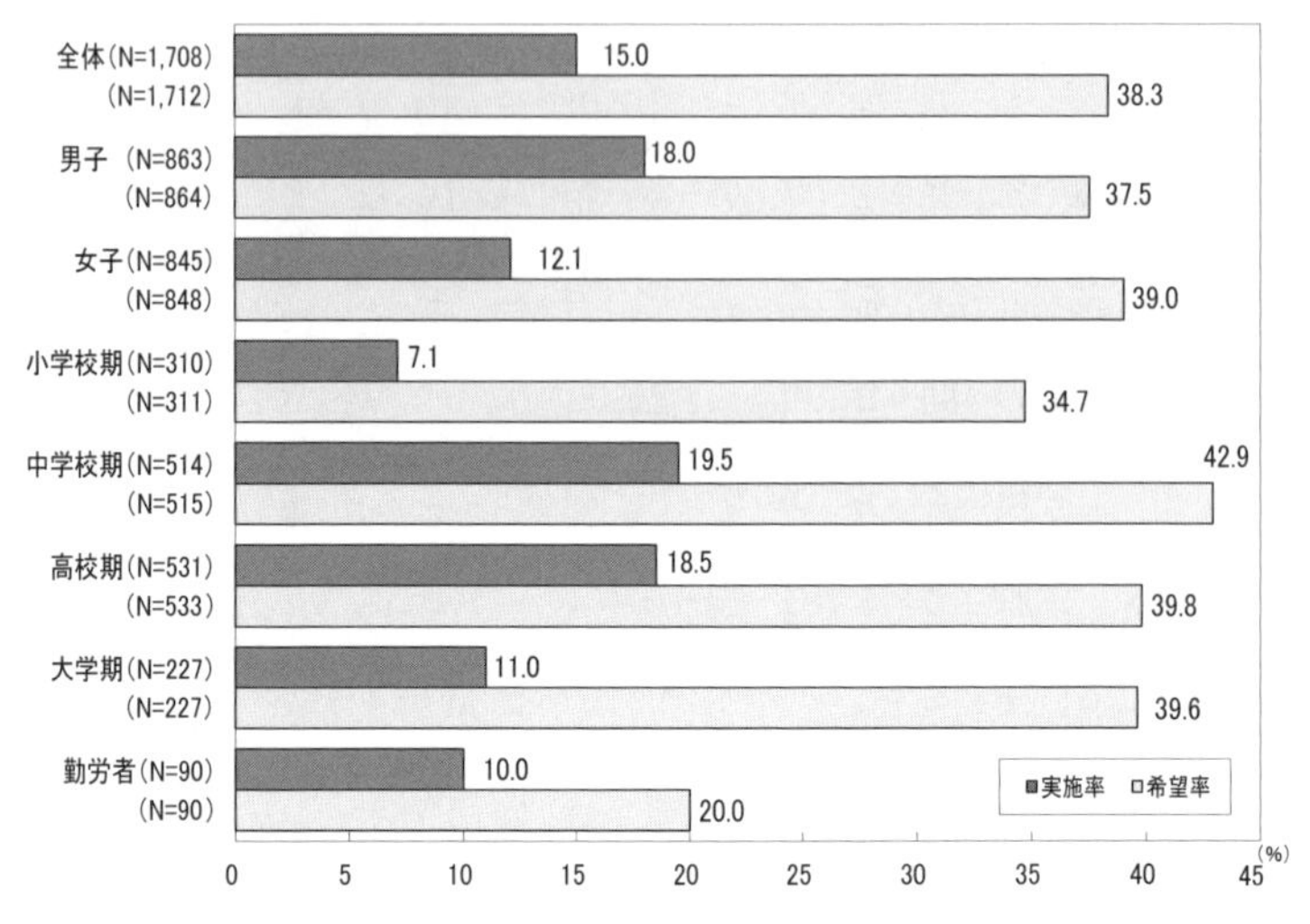


**図4　10代のスポーツボランティア実施率・実施希望率（全体・性別・学校期別）**
笹川スポーツ財団「10代のスポーツライフに関する調査」2015

## スポーツライフ（する・みる・ささえる）の現状

ここまで実施率等について確認してきたが、その他のスポーツライフ、いわゆるスポーツ実施率やスポーツ観戦率と比較した結果も紹介している（表2）。「するスポーツ」の運動・スポーツ実施率（10代には「運動遊び」も項目に含めて質問している）をみると、成人で7割、10代で8割以上。週2回以上の実施でみると、成人で4割、10代で7割弱となる。「みるスポーツ」は、グラウンドや体育館に直接足を運んで観る直接スポーツ観戦率で比較しているが、成

**表2　スポーツライフ（する・みる・ささえる）の現状**（%）

| スポーツライフ | | 成人（n=2,926） | 10代（n=1,691） |
|---|---|---|---|
| するスポーツ※ | | | |
| | 年1回以上の運動・スポーツ実施率 | 72.1 | 86.8 |
| | 週2回以上の運動・スポーツ実施率 | 44.8 | 68.6 |
| みるスポーツ | | | |
| | 直接スポーツ観戦率 | 32.5 | 42.4 |
| ささえるスポーツ | | | |
| | スポーツボランティア実施率 | 6.7 | 15.0 |

笹川スポーツ財団「スポーツライフに関する調査」2016より筆者作成
笹川スポーツ財団「10代スポーツライフに関する調査」2015より筆者作成
※10代は運動・スポーツの他、運動遊びも含めて質問している。

人で3割、10代で4割となっている。それらと比較すると、「ささえるスポーツ」のスポーツボランティア実施率は、10代でようやく1割を超えているが、成人では1割にも満たない現状である。スポーツライフの中でも、ささえるスポーツのスポーツボランティアの実施率の低さを改めて確認することができる。

## 活動機会などの情報を自主的に入手する方法

「スポーツボランティア論」の講座で、スポーツボランティアに関する基礎知識を取得しても、実際に活動する現場がなければ活かすことができない。講座の中では、活動の機会を得るための情報を自主的・自発的に入手するためのヒントも提供している。現在、わが国のスポーツボランティアに関する情報を一元化したものは存在しない。スポーツボランティアの活動募集を掲載しているウェブサイトとして、まず「Ｙａｈｏｏ！ボランティア」がある。環境や被災者支援、子ども・教育などの9つのカテゴリーに並んで文化・スポーツとして紹介されている。募集の内容をみると文化関連の情報が圧倒的に多いのが特徴である。次いで、先述した日本スポーツボランティアネットワーク（ＪＳＶＮ）が２０１４年頃から、「スポボラ・ｎｅｔ」というポータルサイトで、全国から加盟する約30の団体のスポーツボランティアの募集情報を随時掲載している。また、東京２０２０大会に向けて、東京都では「東京ボランティアナビ」というスポーツボランティアに関する情報サイトを、２０１６年3月から開設している。これらのＵＲＬについては、巻末の文献で紹介するので、まだご覧になったことのない方は是非一読アクセスしていただきたい。

表3　自治体のスポーツボランティアバンクの設置状況

| | 都道府県（n=47） | | 政令指定都市（n=20） | | 市区町村（n=1,152） | |
|---|---|---|---|---|---|---|
| | n | % | n | % | n | % |
| スポーツボランティア専用がある | 12 | 25.5 | 6 | 30.0 | 59 | 5.1 |
| 一般的なボランティアバンクに含れる | 3 | 6.4 | 1 | 5.0 | 47 | 4.1 |
| 過去にあったが廃止した | 5 | 10.6 | 2 | 10.0 | 9 | 0.8 |
| これまで設置したことはない | 27 | 57.4 | 11 | 55.0 | 1,037 | 90.0 |

笹川スポーツ財団「スポーツ白書」2017

また、全国の自治体においても、スポーツボランティアに関する登録制度を有している自治体がいくつかある（表3）。笹川スポーツ財団の『スポーツ白書２０１７』に掲載されている、同財団が２０１６年に実施した「スポーツ振興に関する全自治体調査」の結果によると、２０１６年3月現在、スポーツボランティア専用の登録制度を有しているのは、都道府県で12府県（25％）、政令市で6市（30％）、市区町村で59市区町（5％）、計77の自治体（6％）。他分野を含む総合的なボランティアバンクに、スポーツボランティアも登録する仕組みをとる自治体も51あることがわかっている。これらの登録制度がすべて課題もなくスムーズに運営されているというわけではないが、少なくとも登録をすることによって、地域でのスポーツボランティアの情報にアクセスすることは可能になる。また、東京２０２０大会に向け、東京都内や近郊の自治体においては、新たにスポーツボランティア登録制度を設置する動きもある。今後、全国の事前キャンプ地でも間違いなくボランティアの力は必要となるため、全国的にスポーツボランティアの登録制度の設置が増えるのではないかと期待しているところである。

## おわりに

今回、大学で開講している15コマの「スポーツボランティア論」の一部を紹介した。今回の内容の他に、定義や楽しみ方、障害者スポーツのボランティア、コミュニケーションスキル、事例として大規模イベント（国内外）や地域・トップスポーツチームなどを取り上げているが、内容については、まだまだ充実させていく必要がある。今後多くのスポーツボランティア関係者の皆さまから、ご意見・ご助言をいただきながら、より良い内容にしていきたいと思っている。　（大東文化大学）

【文献】

笹川スポーツ財団（２０１７）「スポーツ白書」。

笹川スポーツ財団（２０１５）「10代のスポーツライフに関する調査」。

笹川スポーツ財団（２０１６）「スポーツライフに関する調査」。

スポーツ庁（２０１２）「スポーツ基本計画」。

スポーツ庁（２０１７）「スポーツ基本計画」。

文部科学省（２０００）「スポーツ振興基本計画」。

文部科学省（２００６）「スポーツ振興基本計画」。

Ｙａｈｏｏ！ボランティア　https://volunteer.yahoo.co.jp/

スポボラ・ｎｅｔ　https://spovol.net/

東京ボランティアナビ　http://www.city-volunteer.metro.tokyo.jp/index.html

時評

# 高校野球の現在

## ―直面する三つの課題と連携模索―

滝口隆司

### 部員数は過去最大の減少幅

夏の全国高校野球選手権の都道府県大会が始まった7月上旬、日本高校野球連盟は全国の加盟校数、部員数の調査結果を発表した。毎年この時期に公表される恒例のデータだが、そこで驚きの数字が浮かび上がった。硬式の部員数は16万１５７３人で前年度比６０６２人減と１９８２年の調査開始以来、過去最大の減少幅を示し、加盟校数も25校減の３９８９校と29年ぶりに４０００校を割り込んだのである。

少子化の時代だから、予想された結果といえなくもない。だが、野球少年の減少は全体の子どもの数よりも急激なスピードで進んでいる。毎日新聞では7月から「高校野球　新世紀」という連載を始めたが、取材班が中学生の野球人口を調べたところ、２０１６年度の軟式（中学生の部活動）と硬式（ボーイズリーグやリトルシニアなど）の中学年代の登録者数は合計23万４３１６人で、06年度に比べて31・６%も減少していることが分かった。一方、文部科学省の学校基本調査によれば、中学生全体の数は16年度が３４０万６０２９人で、06年度に比べて５・４%減。つまり、単純計算で生徒全体よりも6倍ものスピードで底辺の野球人口が減っている実態が明らかになった。

高校の野球部員はサッカー・Ｊリーグが発足した１９９３年頃は一時的に減少したが、その後は増加を続け、２０１４年度には初めて17万人を超えた。ところがそれをピークに3年連続で減少。小中学生の年代で起きている競技人口減少の大きな波が、ついに高校野球にも押し寄せてきたといっていいだろう。全体の生徒数を上回る球児の減少率を見ると、少子化による「自然減」だけでなく、野球を取り巻く環境にも何らかの原因があるといわざるを得ない。

### 原因を探れば

新潟県青少年野球団体協議会は、県内の小学生から高校生までの野球団体が集合して作られた組織である。県高校野球連盟、県中学校体育連盟軟式野球専門部、県スポーツ少年団のほか、地元のボーイズリーグやリトルシニアなど10団体が加盟する。少子化が進み、競技人口が減っていく中で組織の垣根を越えて課題に取り組むことを目指している。

昨年度、同協議会は小学生の一部と中高3年生の選手2600人を対象に大規模なアンケート調査を行った。この活動を取り上げた毎日新聞の連載（2017年7月13日付朝刊スポーツ面）によれば、協議会が発足した2011年当時、新潟県内の野球人口は、小学生が1万2000人、中学生が6000人、高校生は3500人だったという。小学校から中学校、中学校から高校へと進学するごとに約半分の子どもたちが野球を辞めていく計算になる。その原因を探ることがアンケートの目的だった。

意外な結果が浮かび上がった。中学生の98・7%が「野球をやって良かった」と思いながらも、「高校で続ける」と答えたのは58・3%にとどまったのである。その理由の上位は「他のスポーツをやってみたい」「他にやりたいことがある」「自分の実力はここまでだと思った」というものだった。

野球をやって良かったと思っているのに、次のステージで続けないのはなぜか。早い段階で燃え尽きてしまうからか。野球以外のことに興味を示すからか。小学生の段階でもさまざまな理由が考えられる。母親のお茶当番や父親のコーチ・審判・選手輸送など保護者への過剰負担が、子どもが野球を始める際の障害となるケースは多い。用具にかかる費用が高くつき、週末は家族でレジャーにさえ行けない。チームには昔ながらの怒鳴りつける指導者がいる。中学年代にもなれば、勉強との両立にも苦労する。肩やひじなどに故障を抱えたまま、野球を辞めて他のスポーツに流れていく。そんな例は枚挙にいとまがない。

新潟の協議会では、選手の故障歴を次の年代でも指導者が把握できるよう、医療機関の受診記録を書き込める「野球手帳」を導入し、年代や組織を越えて故障予防にも努めている。これ以外にも野球指導教則本とも呼べる「新潟メソッド」という冊子を作成し、礼儀やマナー、指導者、保護者の在り方などを記した。こうして選手だけでなく、指導者や保護者が、問題意識を共有することによって、競技人口が急速に減っていく事態を回避しようとしている。新潟はかつて高校野球で目立った成績を残せず、〝後進県〟〝弱小県〟などと呼ばれたものだが、現在は先進的に野球界の課題に向き合い、全国の手本といえる存在になっている。

## 進行する二極化の傾向

　今夏の全国高校野球選手権では、出場49校中、公立校は過去最少の8校だった。滝川西（北北海道）、高岡商（富山）、坂井（福井）、彦根東（滋賀）、三本松（香川）、鳴門渦潮（徳島）、東筑（福岡）、波佐見（長崎）のみである。

　年々、私立と公立の実力差は広がる傾向にあるが、その原因の一つが、野球留学であることは疑いがない。たとえば、公式ガイドブックといえる週刊朝日増刊号（※以降の数字もすべて週刊朝日のデータに基づく）で49校のメンバー（各18人）の出身中学を見たところ、全員が地元の都道府県出身というのは、滝川西、前橋育英（群馬）、彦根東、おかやま山陽（岡山）、三本松、東筑、波佐見の7校に過ぎない。

　今春のセンバツまで3季連続で甲子園の4強に勝ち上がった秀岳館（熊本）は、元松下電器（現パナソニック）監督で、中学硬式野球の大阪・オール枚方ボーイズの監督も務めた鍛治舎巧氏を指導者に迎え、同ボーイズの選手らも入学して瞬く間に全国屈指のチームになったことで有名になった。秀岳館をはじめ、今夏の甲子園で地元出身が9人以下のチームは18校。背景にあるのは、ボーイズリーグやリトルシニアなど中学硬式野球の隆盛と、こうしたチームを通じた私立強豪校への進学である。

　2007年には日本学生野球憲章に違反する特待生の問題がクローズアップされ、その後の憲章改正などを経て1学年5人までとする新たな制度が12年からスタートした。これで野球留学も減少するかに思われたが、あれから10年が経過した今も、大きな変化は見られない。今夏、公立の出場校が過去最少だったことから考えても、私立と公立の実力差は埋まっていないどころか、より拡大しているようにも見える。

　選手の立場からすれば、分岐点は中学に進学する段階にある。小学校を卒業した野球少年たちは、中学の野球部に進むか、ボーイズやシニアに行くかの選択を強いられる。用具や遠征費などで硬式野球の方が金銭的な負担は大きいが、専門的な指導を受けられ、チームによっては進路の面倒まで見てくれる。一方、教員が顧問を務める中学野球部に専門的な指導者が必ずしもいるわけではなく、進路指導も一般生徒と同様に進められ、野球の実績が考慮されるケースもきわめて少ない。そのような情報を比較しながら、中学1年生になる子どもたちと親が進むべき道を決める。

　将来の進学も見据えて積極的に野球に取り組む層とそうでない層が顕著になり、高校では私立と公立の実力差も広がっていく。そんな「二極化」が将来、野球界に何をもたらすかは、大きな視野で考えなければならないテーマだろう。最近のプロ野球のトップ選手も多くが中学硬式チームの出身者であり、甲子園で優勝を争うような強豪校の選手たちにもその傾向は如実に表れている。プロ野球も高校野球も人気は健在であり、このようなルートからメジャーリーガーも生まれている。

しかし、一方で底辺の野球人口は減少し、途中で競技を断念する選手も多い。「自分の実力はここまでだと思った」という新潟のアンケートの回答例は、この現象を端的に示したものといえる。

競技者の減少が急速に進む今、このまま底辺の変動を見逃していると野球界は縮小の道をたどるのではないか。「する人」の減少は、いずれ「見る人」の先細りにもつながっていく。昔のように、自然発生的に野球少年が育ってくる時代ではない。

## 外部指導者と元プロ監督

スポーツ庁では5月末から「運動部活動の在り方に関する総合的なガイドライン作成検討会議」を始めた。来年3月にはガイドラインをとりまとめて公表する見通しになっている。

運動部活動の課題の一つは指導者である。この会議でも外部指導者をどう活用するかの検討が進められている。教員の負担増大が社会問題化する中、専門的な知識を持った外部指導者に対する要望論は以前から根強い。

高校野球では昔から教員ではない指導者が存在する。その大半は学校職員という形で雇用されているが、実際には専業的な指導者に近いといえるかもしれない。ところが、甲子園に出場する強豪校を見ると、意外に教員監督の方が多いようにみえる。それにはおそらく理由があるだろう。たとえば、任期付の職員として雇用されている場合、部活動の成績がふるわなければ、契約終了・打ち切りというケースもよく聞く。スポーツに力を入れる私立校で新しく就任した監督を取材すると、「実は3年で甲子園に出すことを条件に雇われた」などと打ち明けられることもある。

これに比べれば、教員免許を持っている方が指導者としては安定した環境を確保できる。今夏の甲子園に出場したチームの監督の経歴を見ても、初優勝を飾った花咲徳栄（埼玉）の岩井隆監督は社会科教諭、準優勝した広陵（広島）の中井哲之監督も社会科教諭である。このほか、大阪桐蔭（大阪）の西谷浩一監督や仙台育英（宮城）の佐々木順一朗監督も同じく社会科教諭。全体を見ても社会科か保健体育科の教諭が多い傾向が読み取れる。

学生野球の指導者をめぐっては、プロ経験者を受け入れるかどうかで長く議論があった。かつてはプロ引退後、「教員経験10年以上」という条件付きでしか指導者になれなかったが、その期間が「5年以上」「2年以上」と短縮され、現在はプロ側と学生側双方の講習会を受ければ、学生野球資格を回復し、指導者になれるという制度に緩和された。

今夏、天理（奈良）を率いて甲子園に出場した中村良二監督（元近鉄、阪神）はこの制度を使って監督に就任した指導者である。

指導者の在り方は今後、いっそう重要なテーマになるだろう。暴力事件や過剰な練習による選手の故障、精神的な燃え尽きなども指導法に起因する問題である。高校野球が「教育の一環」である以上、教育的な指導ができる人物が望ましいのは当然だが、それは教員免許を持っているかどうかに関係なく、指導する本人の資質によるものだ。

ただ、学校の宣伝にもつながる野球部の強化を「経営の一環」ととらえる学校が、元プロ選手ら専門的な外部指導者を雇い、ノルマを課して成果主義ばかりに走る風潮には警鐘を鳴らさなければならない。

公立で外部指導者を採用する場合も課題は多いだろう。正採用か非常勤採用か、教員との給与差や賃金の制度をどうするか、指導者としての国家資格を必要とすべきか、指導者養成のシステムをどう構築すべきか、など数々の論点がある。野球に限らず、部活動全体の在り方として考えなければならないテーマだが、身近に専門的な指導者がいるかどうかで生徒の取り組む姿勢も変わってくるだけに、スポーツ庁の議論にも注目したい。

## 危機感の共有と野球界の連携

ここまで挙げてきた例からいえば、野球界には大きな課題が三つある。一つは競技人口の急速な減少であり、二つめは高いレベルで野球に取り組む者とそうでない者の二極化、もう一つは専門的指導者を全国にどう配置できるかである。今のままの状況が続けば、能力が高く、家庭的にも裕福な選手ばかりが中学硬式チームから私立校へと野球の道を進み、実力のない子どもたちは野球を避けて別のスポーツや趣味に移っていく。しかし、地元の中学校や公立高校でも専門的指導を受けられるのであれば、状況は変わっていくかもしれない。要は環境をどうやって整備するかにある。

昨年5月、プロの日本野球機構（NPB）とアマチュアの全日本野球協会（BFJ）が「日本野球協議会」という組織を共同で発足させた。法人格を持っているわけではないが、この傘下に小中学校や女子も含め、ほぼすべての野球組織がぶらさがる構図である。日本高野連はＢＦＪ側の中核をなしている。

国内の野球団体は複雑に分かれており、他競技のように統一組織がない問題は以前から指摘されてきた。プロと学生野球界との間には学生野球憲章に基づくカベが長く存在している。だが、そのカベを越えなければ対処できないほど野球界の将来に対する危機感は強まっている。協議会の結成はその象徴的な出来事であり、今後の野球界全体を担う組織に発展するか関係者は見守っている。

協議会は「普及・振興委員会」「侍ジャパン強化委員会」「マーケティング委員会」「オペレーション委員会」「国際委員会」の各委員会で構成される。特に普及・振興と日本代表（侍ジャパン）の強化は組織の両輪といえる。

普及・振興としては、全国での指導者講習会や少年野球教室、試合観戦招待などが事業の中心で、今後は活動をさらに発展させ、競技人口の正確な把握や少子化対策、プロ・アマの垣根を越えた制度の策定などを推進していく必要がある。侍ジャパンはトップチーム▽社会人▽23歳以下（U‐23）▽大学▽18歳以下（U‐18）▽15歳以下（U‐15）▽12歳以下（U‐12）▽女子――と8カテゴリーあり、多岐にわたる大会が開催されているが、普及と強化を連動させ、的確に選手を選抜しなければ、世界レベルでの好成績は望めない。

また、侍ジャパンの強化現場ではプロとアマが交流するだけに、日本としての指導法や指導者養成などの指針を作成することも可能だろう。それを普及・振興委員会を通じて全国に広めれば、指導者問題にも貢献することができる。現実的には協議会のリーダーシップをどう明確化させるか、組織上の問題は大きい。だが、危機感を共有し、「新潟メソッド」の全国版を目指せば、野球界の新たな展望が広がるはずである。

高校野球に話を戻すと、来年は春のセンバツが90回、夏の全国選手権は100回目の節目を迎える。依然根強い人気を誇り、社会的にも注目度が高い高校野球だが、甲子園大会だけが成功すればいいのではない。小中学校、大学、社会人、そしてプロとの関係を見つめ直し、野球界全体のために他との連携・協力の道を本気で探る時期に来ている。

（毎日新聞大阪本社運動部）

時評

# 人生とスポーツと
## ―宮里藍さんと浅田真央さんの引退から考える―

宮嶋泰子

スポーツ界をけん引してきた魅力的な女子アスリート二人が今年引退を表明した。ゴルフ界の宮里藍さんとフィギュアスケート界の浅田真央さんだ。彼女たちの引退について考える前に、アスリート全体の引退についてと、女子選手の特徴を少し整理してみたい。

＊　＊　＊

スポーツは選手自身の「心技体」の三要素をいかに磨くかが重要であると長年にわたり言われ続けてきた。しかし最近では、これに選手を取り囲む人々、アントラージュの存在が注目されるようになってきた。トップアスリートにおいては、もはや一人では戦えない時代に入っている。親、家族、コーチたち、トレーナー、ドクター、マネージメント会社、スポンサーなど選手を取り巻く様々な人々からのサポートがあり、その核に選手が存在して、自らの力を磨いていくという構図だ。こうした現代のスポーツ選手が置かれた環境の中で、選手が「引退」を決断するときは、もはや自分だけの思いだけですんなりとことが決まるわけではないだろう。自分の周囲にあるあらゆることを斟酌して、決断することになる。

さらに、こうした引退の決断で、男子選手と女子選手で異なるのは、結婚や出産という人生の節目にあるものの影響を受けざるを得ないのが女子選手だということだ。どのような結婚生活を送りたいかは個々人の理想とする形によるので一概には言えないが、少なくとも出産に関しては、短くても1年以上のスポーツキャリアにおけるブランクが生じ、さらには大きな身体の変化が起きてしまう。それによって復帰することがどこまでできるかには個人差がある。

たとえば出産によって骨盤は大きく開き、身体はそれまでと異なってくる。車いすランナーの土田和歌子さんは「ヒップサイズぴったりにレーサー（レース用の車いす）を合わせてあるので、出産後初めて乗った時は、お尻が入らなくて往生した。」と話す。また、体操選手にあっては、出産後初めて平均台に乗った時に、身体がぐらぐらと揺れているような感覚で、平均台の上をまっすぐに歩くことすらできなかったという。フィギュアスケートで出産後、驚異的な復活を見せた安藤美姫さんは、まず骨盤の矯正から入り、徐々にスケーティング、ジャンプの練習に入っていった。

このように女性にとっての出産は体が大きく変化することを伴うのだ。もちろん子供を産んだことによって、今までとは異なる喜びやモチベーションが生まれ、スポーツキャリアの充実に役立ったという選手もいないわけではない。そうしたケースは子供をしっかりとみてくれる環境があってのことだ。出産に伴う身体の変化をどう修正していくか、さらには生まれた子供の面倒を誰がどのようにみてくれるのかというトレーニング環境の確保という点で、日本の場合はまだまだ研究も指導も、環境づくりも遅れている。何より、出産という問題だけでなく、結婚において、どのようにパートナーと協力し合っていくかという点においても、まだまだ欧米のように男性が女子アスリートをサポートしていくケースはまれである。これまで活躍してきたママさん選手たちは、自分自身の頑張りと自分の周辺の人々を巻き込んでどうにかやってきたという人々ばかりで、残念なことに、それらがきちんと受け継がれてきていないのが現状だ。日本のスポーツ界のシステムとしては、ようやく研究と手さぐりでの実践が始まったばかりなのだ。こうした中で、どのように人生と向き合い、スポーツキャリアを積んでいくかという選択は、日本の女子アスリートたちにとって限られてくるだろう。

＊　＊　＊

宮里藍さんと浅田真央さんに話を戻そう。ここまで読まれた方は、二人は結婚もしていないし、ましてや出産もしていないから、日本の女子アスリートが置かれた環境は二人の引退に関係ないんじゃないかと思われるかもしれない。しかし、そうした前提のある社会で生きているアスリートには、人生の決断をするときに、おのずとその環境は見えない影響を与えている。海外では珍しくもない、少なくとも日本でもいないわけではないゴルフ界のママさん選手を見てきているにもかかわらず、宮里藍さんは「引退」を選択した。独身でプレーに専念できる環境の中でも、もうこれ以上はできないというぎりぎりの決断だったと考えられる。海外の選手であれば、結婚出産を経て、また新しい自分が生まれて、さらにスポーツキャリアを積むことができると考える選手もいるだろう。こうした発想に行きつかないのは、人生の中にスポーツを置いて考えるということがなかなかできない日本のスポーツ社会の特性があると思われる。アスリートは目の前の目標に向かって一心不乱に精進していくべきものであるという考え方だ。

＊　＊　＊

宮里藍さんと浅田真央さんに共通している点は、若くして天才的な才能を発揮して注目されたことだろう。

宮里藍さんは高校3年生で史上初の高校生プロゴルファーとなり、スター街道を歩み始める。翌年には年間賞金獲得額が1億円を突破。低迷していたゴルフ人気も盛り返し、テレビの視聴率も10%を超え、ゴルフに関心のない層にまで知られるようになった。20歳の時には史上最年少で日本女子オープンゴルフ選手権優勝を果たし、ギャラリーは2万人を超えるという史上最高人数も記録している。その翌年からは拠点をロスアンゼルスに移し、米国ツアーをメインとするようになる。その4年目にＬＰＧＡツアー初優勝し、5年目には世界ランキング1位となる。

写真提供：フォート・キシモト

この年、岡本綾子が記録した記録も上回るシーズン最多の5勝目を挙げ、日本人としては初めての「ウイリアム&モージー・パウエル賞」を受賞し絶頂期を迎える。25歳の時だ。

宮里藍さんは世界ランク1位になった後、目標をメジャー制覇に絞った。これは米国に拠点を移した時からの最終目標だったという。しかし、予想以上に高い壁だった。２００５年の25歳の時から全米女子オープンに11回参戦し、２００９年と２０１１年に6位になっているのが最高だ。32歳で迎えた最後のシーズンは41位に終わっている。

引退の理由を宮里藍さんは「モチベーションの維持が難しくなった」と表現した。パットに苦しみながらも、メジャー制覇だけを目指し、ストイックな生活を続けてきた藍さん。さらには、若手も続々と登場し、自分を追い抜いて行く。そんな中で、「心技体」の「心」がもはや「技」「体」も維持できなくなってしまったということか。

ナンシー・ロペスのように、結婚や出産を経ながらも驚くほどのタイトルを手にした選手が米国には存在することを知っていると、宮里藍さんにも、「女性としての人生」と「ゴルファーとしての人生」を両輪にして活躍することができなかったのかと、少しばかり残念に感じている。

＊　＊　＊

浅田真央さんも早くから天才的なトリプルジャンプで注目された選手だ。人々を最も驚かせたのは２００５年―２００６年のシーズンだろう。当時の世界女王スルツカヤを破り15歳でグランプリファイナルに優勝。トリノオリンピックを控えていたシーズンだけに周りは色めき立ったが、国際スケート連盟の決める「オリンピック前年の6月30日までに15歳」という年齢制限に87日足らず、日本代表となることはなかった。その4年後、２０１０年のバンクーバーオリンピックでは韓国のキム・ヨナに次いでの銀メダルを獲得。

自身のジャンプが満足いくものでなかったこともあり、その矯正に明け暮れながら少女から大人になりながら成長を続けていく。フィギュアスケートのジャンプやスピンにおいても、骨盤は身体の中心にあるだけに女子選手にとっては大きな意味を持つ。身長が伸びるだけでもジャンプはやりづらくなるが、骨盤が発達して女性らしい体つきになってくると、これまた子供の時にピョンピョン跳べていたジャンプを同じように飛ぶことは至難の業となってくる。それに果敢に挑んでいった真央さん。

　紆余曲折を経ながら、２０１３-２０１４のシーズンでは歴代最多タイ記録の４勝を挙げてソチ五輪に臨む。その結果はご存じのとおり。ショートプログラムでは転倒が相次ぎ誰も予期せぬ16位。しかし、気を持ち直して臨んだフリーでは、女子の史上初の全6種類、計８回のジャンプをすべて着氷。３回転半のトリプルアクセルにもバンクーバーオリンピックに続いて成功し、女子では初めての2大会連続の快挙となった。フリーだけの成績では3位だったが、ショートプログラムとの合計で、最終的には6位という結果になりメダルには届かなかった。しかし、ショートプログラムでの失敗後の茫然自失の表情は、フリーの後、満足の涙を流す表情へと変わり、テレビを通じて、その姿は日本中を感動させた。

　1年間の休養後、２０１８年の平昌オリンピックを目指して再び氷上にたったものの、なかなか全盛期のジャンプは戻らず、２０１６年12月の全日本選手権で12位となり、世界選手権の代表を逃した。これが大きなきっかけとなり、今年の4月にブログで引退を発表。「復帰してからは、自分が望む演技や結果を出す事が出来ず、悩む事が多くなりました。そして、去年の全日本選手権を終えた後、それまでの自分

写真提供：フォート・キシモト

を支えてきた目標が消え、選手として続ける自分の気力もなくなりました。このような決断になりましたが、私のフィギュアスケート人生に悔いはありません。」とコメントを出している。

＊　＊　＊

宮里藍さんも浅田真央さんも若くして才能を発揮して注目され、国民のアイドル的な存在になっていった。いつしか宮里藍さんは「宮里藍」という作られたイメージから逃れられなくなっていたのではないだろうか。「宮里藍は強くなければならない。予選落ちするかどうかのラインにいるのは宮里藍ではない。」そんな思いにがんじがらめになっていったのではないだろうか。宮里藍はこうあるべきという思いで、メジャー制覇の夢にまい進していく日々に、ゴルフを楽しむ余裕はなかったのだろう。そのスポーツを楽しむことを捨て、高みを目指す修行としてスポーツに対峙する。それは非常に日本的なスポーツへのアプローチでもあった。

今シーズン、世界ランク1位になったユ・ソヨンに対して宮里藍さんはこんな言葉をかけていたという。

「世界ランク1位になったのだから、ゴルフを思う存分楽しんで。私は楽しめなかったので。」

＊　＊　＊

浅田真央さんには、競技で高みを目指すことから解放されて、プロとしてより自由な表現を求め、フィギュアスケートを味わい尽くすほど楽しんでほしい。

＊　＊　＊

幼少期からスポーツを始め、競技スポーツ一辺倒となった日本のアスリートには、スポーツが生活と離れたところで、「高みを目指す修行」のような形になっていることがよくある。もちろんそれを楽しめるときはよいだろう。しかしそれが苦痛になるとき、競技を続ける環境に選択肢が持てない時、選手は「引退」の二文字を選ぶ。選択肢はもう少し多くてもいいと思う。スポーツが人生とともにある姿が生まれた時、スポーツが見せる表情はもっと多彩になるはずだ。

（テレビ朝日）

スポーツ研究入門

# オリンピック・パラリンピック期間中に設置されるナショナルハウスの可能性

## —リオデジャネイロオリンピックの調査から—

塚本拓也

### 1. はじめに：ナショナルとは何か

東京２０２０オリンピック・パラリンピック競技大会（以下、東京２０２０大会などと記す）の開催が決定して以降、多くのオリンピック関係者がリオ２０１６大会へ向かった。そのリオで、各国のデレゲーション及びアスリートなどの関係者に対して「おもてなし」をする前線基地として利用されたのが「ナショナルハウス」である。ナショナルハウスは、各国オリンピック委員会や自治体、大使館などが、オリンピック・パラリンピック競技大会開催地のホテル、公共施設（博物館や学校など）、ショッピングモールなどに設置する施設であり、かつては選手や関係者のおもてなしに限った施設が多かったが、近年は各国の文化や観光の情報発信拠点などとしても活用されてきた。日本は、リオ大会において、リオ市内の博物館を借り切って「ジャパンハウス」を設け、東京２０２０大会のＰＲや、和食、茶道、書道などの日本文化を広く紹介した。リオ２０１６大会期間を通じ、約8万2千人が訪れた（つくば国際スポーツアカデミーアソシエーション、２０１７）。ロンドン２０１２大会では、30カ国のナショナルハウスが設置され（ロンドンタウン、２０１７）、リオ２０１６大会は、55カ国のナショナルハウスが設置されたことが明らかになっている。（LOOKDWN, 2017）

### 2. ホスピタリティを提供する組織と目的

オリンピック・パラリンピック競技大会期間中にホスピタリティを提供する「ホスピタリティハウス」は、以下の3つの類型がある。

（1）政府及び各国オリンピック委員会（以下、NOC）が主導する「ナショナルハウス」

（2）スポーツ組織が主導する「スポーツ競技団体ハウス」

（3）企業が主導する「企業ハウス」

これらのホスピタリティを提供するハウスにはそれぞれの目的がある。まず、「ナショナルハウス」は、各国の要職にあるデレゲーション、アスリート、NOC職員のオフィス代わりでもあり、大会期間中、競技以外の時間でリラックスできる環境を提供することが目的となっている。また、他国の重要なオリンピック関係者を招くためにVIPラウンジを作って重要な打ち合わせに使用されている。つまり、オリンピック・パラリンピック大会の招致活動や今後の大会プロモーションの拠点となる。たとえば、リオ大会では、平昌2018ハウスがあり、日本も2000年に大阪オリンピック・パラリンピック大会の招致に向けてシドニーにジャパンハウスを設置した。さらに、ナショナルハウスを一般公開することで各国のプロモーションを行う貴重な広報機会の場としても使用されている。

次に、スポーツ競技団体は、一般的にアスリートを全面的に支えることを目的としたアスリートハイパフォーマンスセンターを設置している。選手村の環境だけでは選手の疲労回復等のサポートができないため、各国のスポーツ競技団体は、競技関係者だけのためのアスリートハイパフォーマンスセンターを選手村の近くに設置する。このスポーツ競技団体主導の「スポーツ競技団体ハウス」は、リオの事例として、国際バレーボール連盟（以下、FIVB）がコパカナビーチ付近でFIVBハウスを設置し、バレーボールのアスリートを中心にバレーボール関係者を招いて、安心できる「ホスピタリティ」を提供していた。また、アメリカプロバスケットボールリーグ（以下、NBA）が国際プロモーションの一環としてNBAハウスを設置していた。

最後に、企業が主導するハウスとして、オリンピック・パラリンピック競技大会の公式スポンサーによるものがある。企業ハウスは、オリンピックパーク内に設置されていることが多く、訪問者に「ホスピタリティ」を提供している。主な目的は「スポンサーシップ・アクティベーション」であり、体験型プロモーション及び自社ブランドを向上することが目的となっている。

## 3. ホスピタリティハウスに関するこれまでの研究

真田（1996）は、19世紀末のヨーロッパは博覧会が著しく発展した時期であり、初期の近代オリンピック

（1900年、1904年、1908年）は万博博覧会の一部として行われ、オリンピックと博覧会との関係は深いと説明している。ナショナルハウスは、北京2008大会前後から目的を多様化するとともに、規模を拡大してきた。たとえば、東京での開催になった場合、リオ大会以上の国がナショナルハウスを設置すると予想され、これは開催都市で開催されるミニ万博とも理解することができる。オリンピックと万博博覧会は、過去を振り返れば同時期に同一の場所で開催されており、「スポーツ」と「芸術」の祭典として捉えることができる。日本においても、東京1964大会後に70年日本万国博覧会（以下、大阪万博）が開催され、中国でも北京2008大会後に10年上海国際博覧会が開催されてきた。また、日本政府は現在、東京2020大会後、25年国際博覧会の大阪誘致を目指している。

一方で、大崎（2017）は、「ホスピタリティハウスの設置は、もともとはオリンピック村（選手村）に入ることのできない選手の家族が選手と一緒に過ごすための場所として考案され、92年のアトランタ大会でビール製造会社のハイネケングループがオランダチームのために開設したのが始まり（大崎，2017：61）」と説明している。また、大崎（2017）は、「TOKYO 2020 JAPAN HOUSE」をはじめ16年のリオ大会において開設された各国・企業のホスピタリティハウスの事例を紹介した。さらに、東京2020大会に向けた課題として、開催都市の発展に持続的な効果をもたらすハウスを起点とした「レガシー」創出の重要性を指摘している。以上からすれば、「ホスピタリティハウス」の設置は、大会開催地でオリンピック関係者とアスリートが一緒に快適に過ごす場所としてだけでは収まらない状況が現在のオリンピック・パラリンピック大会周辺で生起していることを示しているのである。

## 4. 調査目的・対象・方法

本調査では、リオ2016大会において設置された「ナショナルハウス」の機能と目的、及び立地と施設の観点から見た共通性と個別特異性から分類を行い、ナショナルハウスを起点にした持続可能性とレガシーの具体的な活動について明らかにすることを目的とした。

対象は、リオ大会で見られたアメリカ、カナダ、イギリス、カタール、ドイツ、ブラジル、フランス、ハンガリー、日本、スイス、チェコ、オランダの12カ国のナショナルハウスであり、それぞれの公式ウェブサイトやパンフレットほか出版物をもとに分析した。さらに、ナショナルハウスの担当者及び現地を訪問したオリンピック関係者へのインタビューを行っている。

## 5. ナショナルハウスの機能別類型

ナショナルハウスの設置について、機能及び目的の観点から3タイプに分類できることが明らかになった（表1）。

第一に、アメリカハウスとカナダハウスのような「アスリートラウンジ型」である。主な特徴は、アスリートへの食事やリラックスできる場の提供をするため、アスリート専用ラウンジを設置している点である。また、カナダハウスの担当者へのインタビューから、通常アスリートは選手村に滞在しているが、夜になるとナショナルハウスへ移動し、安心できるホスピタリティハウスで過ごしていることが分かった。さらに、ナショナルハウスは、アスリート及び家族のホスピタリティを重視して作られていることから、NOC関係者の活動拠点ともなっており、一般人の入場が不可能であるためアットホームな環境の創出がなされている。

第二は、カタールハウス、ブリティッシュハウス、ドイツハウスのような「VIPサロン型」である。主な目的は、スポンサーや国際スポーツ競技連盟（以下、IF）関係者と打合せができるようにVIPラウンジを設置している。ハウス内に招待されることは可能であるが、VIPラウンジは、ナショナルハウスの責任者の許可が必要であり、ここが「アスリートラウンジ型」との違いである。

第三は、クラブフランス、

表1　機能及び目的から観るナショナルハウスの類型

| | 該当ハウス | 特徴 |
|---|---|---|
| アスリートラウンジ型<br>対象：アスリート及び家族、NOC関係者 | アメリカハウス<br>カナダハウス | ・アスリートへの食事、リラックスの場の提供<br>・NOC関係者の活動拠点としての機能 |
| VIPサロン型<br>対象：各界VIP等の招待者 | カタールハウス<br>ブリティッシュハウス<br>ドイツハウス | ・NOC/IF関係者とのネットワーキング<br>・スポンサーとの接遇やビジネス・マッチングの機会創出 |
| ショーケース型<br>対象：一般 | クラブフランス<br>ジャパンハウス<br>スイスハウス<br>チェコハウス<br>オランダハウス<br>ハンガリーハウス<br>ブラジルハウス | ・自国文化や観光のPR<br>・次回大会や招致活動のPR（東京、フランス、平昌など） |

ジャパンハウス、スイスハウス、チェコハウス、オランダハウス、ハンガリーハウス、ブラジルハウスにみられる「ショーケース型」である。「ショーケース型」の特徴は、自国文化や観光のPRであり、自国のオリンピックのプロモーション、次回大会や招致活動のPRを兼ねている。また、自国のプロモーションが主な目的であることから、一般公開を積極的に行い、商業活動は少なくなっている。

## 6. ナショナルハウスの立地及び施設別類型

ナショナルハウスの設置について、立地及び施設の観点から3つのタイプに分類できることが明らかになった(表2)。

第一は、「洋館や博物館等の高級感や歴史のある施設を利用したハウス」である。本調査では、カタールハウス、クラブフランス、ジャパンハウス、ブリティッシュハウス、ブラジルハウス、ハンガリーハウスが該当した。主な特徴は、旧貴族邸、教会、博物館等の高級感や歴史のある既存施設をまるごと自国のハウスにしていたことである。これらの事例は、一般公開よりも招待制、すなわち入場制限を行い、関係者及び訪問者に対してより良いサービスを提供するというコンセプトを持っていた。たとえば、イギリスは、公園やビーチ等の場所を好まず、歴史と文化のある旧貴族邸を選択している。

第二は、「商業施設や公共施設の一角を活用するハウス」である。本調査では、

表2 立地及び施設から観るナショナルハウスの類型

| | 該当ハウス | 特徴 |
|---|---|---|
| 洋館や博物館等の高級感や歴史のあるハウス(一棟づかい) | カタールハウス<br>クラブフランス<br>ジャパンハウス<br>ブリティッシュハウス<br>ブラジルハウス<br>ハンガリーハウス | ・既存施設を丸ごと自国のハウスとして活用<br>・旧貴族邸、教会、博物館等の施設を利用 |
| 商業施設や公共施設の一角を活用するハウス | アメリカハウス<br>チェコハウス<br>オランダハウス<br>カナダハウス | ・学校やスポーツ施設の公共施設<br>・商業施設の一角を期間中に貸切り<br>・内装・施工にコストをかけ施設を一部リノベーションし、レガシーとして残していく |
| 公園及びビーチのスペースに設営するハウス | スイスハウス<br>ドイツハウス | ・「リオ＝ビーチ」の特色を利用<br>・キット化し、世界中のイベントに参加 |

アメリカハウス、チェコハウス、オランダハウス、カナダハウスが該当した。主な特徴は、学校やスポーツ施設等の公共施設を利用している点である。たとえば、アメリカハウスは、「持続可能性やレガシー」の観点から、小学校の施設を借りる代わりにリノベーションを学校に施し、そのレガシーを小学校に残すことを行った。

　そして第三は、「公園、ビーチ等のスペースにブースを設営するハウス」である。本調査では、スイスハウスとドイツハウスが該当した。ドイツハウスは、「リオ＝ビーチ」のイメージを利用し、ビーチに設置され、スイスハウスは、キット化されたハウス設備を転用し、リオデジャネイロ市内に設置された。スイスハウスは、貴族的な感じが醸し出されたブリティッシュハウスと異なり、自然色を全面に出し、「ハイジの世界」を思い浮かべるイメージでハウスが設置され、そのため自由度の高い施設と立地を選択していた。

## 7．ナショナルハウスの可能性
## ：持続可能性とレガシーの観点から

International Academy of Sports Science and Technology（AISTS）は、スイスハウスのレガシーの取り組みでは、ペラヴィーダ委員会との連携を紹介している（AISTS, 2016）。ペラヴィータとは、１９９３年に設立されたＮＧＯであり、20年以上にわたり、無償のホスピタリティ教室を貧民街に住むブラジル人に提供している。そこで教育を受けた彼ら彼女らがリオのホステルやレストランで職を見つけるのを手伝っているのである。さらに、寄付と公共ファンドによる資金提供を受け、これまで1万5千人のリオデジャネイロの住民に対し、カスタマーサービスや清掃、ルームサービス、受付、レストランサービス、そして料理等の教育を施してきた。リオ２０１６大会期間中は、スイス総領事館の関連機関であるスイスハウスが、財政的にスクールを支援し、最も優秀な生徒をスイスハウスの運営担当者として採用し、彼らにユニークな体験と将来への希望を与えている。

　次に、アメリカハウスのレガシーの取り組みでは、大会期間中に小学校の施設を活動拠点にし、持続可能性とレガシーの観点から、小学校のリノベーションを行い、大会終了後は、小学校が新しくリノベーションされた形で返還された。（米国オリンピック委員会）大会期間中は、子どもたちもアメリカハウスに立寄り、アスリート及び関係者と交流し、教育セミナーなどが定期的に開催された。アスリートのサイン入りユニフォームなども学校に飾られ、大会後に子どもたちが新たな気持ちで小学校を使用できるのもまさしくレガシーと言え、何十年間にわたって残るものである。

最後に、東京２０２０ハウスの持続可能な取り組みでは、オリンピック期間を通じて、食事や電気、家具など日常必要品についてリソースの消費を減らし再利用する努力を示した。結果、２３５枚の隔壁と76枚の看板、３３５脚のデスク、１０３６脚の椅子、５台の冷蔵庫に匹敵する新資材を購入する経費を削減でき、地元の建設業者にも再利用可能な資源をより多く採用するように促すことにつながった。（AISTS, 2016）

## 8．まとめ：東京２０２０大会への示唆

ナショナルハウスは、各国の特色を反映し、機能と目的、及び立地と施設の観点で、多様な運営がなされている。高級感のあるハウスを利用する国は格式を重んじ、ＶＩＰサロンを重視している。また、スイスは、自国の特色を全面に出すよう自然にあふれた設計を行い、一般公開を積極的に行っている。東京２０２０大会では、各国の政府やＮＯＣがどのようなコンセプトを持ち、また、どのような目的で東京にハウスを設計するのかが重要なポイントとなる。ＮＯＣが取り組むホスピタリティを起点としたレガシープログラムも考えるべきであろう。一過性で終わらせない活用戦略、またレガシー化を含めたストーリーの構築を踏まえ、東京２０２０大会ではナショナルハウスを利用したミニ万国博覧会のかたちで盛り上げることも考える必要があるように思う。

（筑波大学）

【文献】

AISTS (2016) “RIO 2016 Olympic Games Sustainability and Legacy Stories: A Selection of Good Practices”, EPFL Reprography, 59-61.

ロンドンタウン公式ホームページ（アクセス２０１７年４月７日）http://www.londontown.com/London/Olympic-National-Hospitality-Houses

LOOKDWN 公式ホームページ（アクセス２０１７年８月２２日）http://www.lookdwn.com/2016/10/rio2016-hospitality-houses.html

大崎恵介（２０１７）「オリンピック・パラリンピックにおけるホスピタリティハウスについて：リオデジャネイロ大会の事例」山梨学院大学経営情報学論集、23：61-70、山梨学院大学経営情報学研究会。

真田久（１９９６）「近代オリンピック創設の時代的要因：クーベルタン像の再検討」体育の科学、46（８）：６２６-６３０、杏林書院。

つくば国際スポーツアカデミーアソシエーション（２０１７）「リオデジャネイロオリンピック・パラリンピック大会における各国ホスピタリティハウスに関する調査レポート～２０２０　オリンピックムーブメントに新たな波！ 各国ハウスによる『ミニ万博』化へ～」（アクセス２０１７年４月７日）http://prw.kyodonews.jp/prwfile/release/M104299/201702249149/_prw_OR1fl_J65E588x.pdf

米国オリンピック委員会公式ホームページ（アクセス２０１７年３月27日）http://www.teamusa.org/Road-To-Rio-2016/Media-Services/USA-House

# 執筆者紹介

**清水　諭**（シミズ　サトシ）
筑波大学体育系教授。本誌編集委員。【主な著書】The Olympics in East Asia（共著）Routledge.『オリンピック・スタディーズ』（編著）せりか書房、『甲子園野球のアルケオロジー』、『身体文化のイマジネーション』（単訳）以上、新評論。

**原田　隆司**（ハラダ　タカシ）
甲南女子大学人間科学部教授。【主な著書】『ボランティアという人間関係』世界思想社、『ポスト・ボランティア論―日常のはざまの人間関係』ミネルヴァ書房、『震災を生きぬく―阪神・淡路大震災から20年』世界思想社。

**二宮　雅也**（ニノミヤ　マサヤ）
文教大学人間科学部准教授。【主な著書】『スポーツボランティア読本―「支えるスポーツ」の魅力とは？―』悠光堂、『出来事から学ぶカルチュラル・スタディーズ』（共著）、『身体と教養―身体と向き合うアクティブ・ラーニングの探求―』（共著）共にナカニシヤ出版。

**行實　鉄平**（ユキザネ　テッペイ）
久留米大学人間健康学部准教授。専門はスポーツ経営学。【主な著書】『図とイラストで学ぶ新しいスポーツマネジメント』（共著）大修館書店、『よくわかるスポーツマネジメント』（共著）ミネルヴァ書房、『特別支援教育時代の体育・スポーツ』（共著）大修館書店、『障害者スポーツ論』（共著）大学図書出版、『メディカル・フィットネスＱ＆Ａ』（共著）社会保険研究所。

**相原　正道**（アイハラ　マサミチ）
大阪経済大学人間科学部准教授。２０１６＆２０２０年オリンピック・パラリンピック招致活動を実践した日本で唯一の研究者。東京ヤクルトスワローズＦ（古田敦也選手兼任監督）プロジェクトメンバー集客マーケティング担当。【主な著書】『多角化視点で学ぶオリンピック・パラリンピック』、『現代スポーツのエッセンス』共に晃洋書房、『携帯から金をつくる』ダイヤモンド社、『ＬＯＨＡＳマーケティングのススメ』木楽舎

**渡　正**（ワタリ　タダシ）
順天堂大学スポーツ健康科学部准教授。博士（学術）。専門はスポーツ社会学・障害者スポーツ論。【主な著書】『障害者スポーツの臨界点』新評論、『当事者宣言の社会学』（共著）東信堂、『教養としての体育原理（改訂版）』（共著）大修館書店、『スポーツ観戦学』（共著）世界思想社。

**伊倉　晶子**（イクラ　アキコ）
共栄大学教育学部客員准教授・地域活動企画指導担当。【主な著書】『ジグソーパズルで考える総合型地域スポーツクラブ』（共著）大修館書店、『総合型クラブ創設ガイド』（企画編集および執筆）日本体育協会、『公認アシスタントマネジャー養成テキスト』（企画編集）日本体育協会、『スポーツ白書２０１２』（共著）ＳＳＦ笹川スポーツ財団。

**浦久保　和哉**（ウラクボ　カズヤ）
スポーツプランニング・プロデューサー、大阪体育大学学長室ディレクター。【主な著書】「地域スポーツ活動の財源～スポーツ振興に関する

助成制度〜」『体育の科学』2003年9月号、杏林書院、「第3章　主役はランナーだけではない」（インタビュー取材・編集稿）、川端康生著『東京マラソンの舞台裏―東京を3万人が走るまで』枻出版。

## 金子 史弥（カネコ　フミヒロ）

筑波大学体育系助教。筑波大学体育系つくば国際スポーツアカデミー（ＴＩＡＳ）助教。博士（社会学）。専門はスポーツ社会学、スポーツ政策論。【主な著書】『オリンピックが生み出す愛国心―スポーツ・ナショナリズムへの視点』（共著）かもがわ出版、『国際スポーツ組織で働こう！―世界の最先端スポーツ大学院でマネジメントを学ぶ』（共著）日経ＢＰ社、『スポーツ政策論』（共著）成文堂。

## 工藤 保子（クドウ　ヤスコ）

大東文化大学スポーツ・健康科学部スポーツ科学科准教授。鹿屋体育大学大学院体育学研究科社会体育学研究科修士課程修了後、1991年から公益財団法人笹川スポーツ財団で、成人・10代・4〜9歳の全国調査「スポーツライフに関する調査」やスポーツボランティアの事業を担当。2017年から現職。【主な著書】『スポーツボランティアへの招待』（共著）世界思想社。『生涯スポーツ実践論』（共著）市村出版。

## 滝口 隆司（タキグチ　タカシ）

毎日新聞大阪本社運動部長。関西大を卒業後、1990年に毎日新聞入社。主に東京本社運動部に在籍し、デスクや編集委員を務めた後、水戸支局長を経て2017年4月から大阪本社運動部長。毎日新聞連載の「五輪の哲人　大島鎌吉物語」で2014年度のミズノスポーツライター賞優秀賞受賞。【主な著書】『スポーツ報道論　新聞記者が問うメディアの視点』創文企画。

## 宮嶋 泰子（ミヤジマ　ヤスコ）

㈱テレビ朝日スポーツコメンテーター。早稲田大学卒業後、テレビ朝日に入社。テレビ朝日エグゼクティブアナウンサーから2015年2月にスポーツ局コメンテーターに転身。これまでモスクワからリオデジャネイロまで夏冬計18回のオリンピック・パラリンピックを取材、加えて女性スポーツの現場を取材した豊富な経験を持つ。「ニュースステーション」「報道ステーション」スポーツ特集では、35年以上に渡り、ディレクター兼リポーターとして企画立案・取材・編集、ＭＡの全過程をこなし、230本を超える作品を制作。現在テレビ朝日では、報道ステーションの他、ＢＳ朝日「ザ・インタビュー〜トップランナーの肖像」インタビュアー、abemaTVなどに出演中。

## 塚本 拓也（ツカモト　タクヤ）

筑波大学主任研究員・ＴＩＡＳ海外事業広報戦略ディレクター。2013年より国際オリンピック委員会が中心となり設立したAISTS Mastering Sport に入学。2014年より、日本初の国際スポーツアカデミーである「つくば国際スポーツアカデミー（ＴＩＡＳ）」の立ち上げ及び海外広報戦略に従事。同年にＡＩＳＴＳとＴＩＡＳのＭＯＵの締結を実現。同年、企業へのコンサルテーションを提供する「一般社団法人つくば国際スポーツアカデミーアソシエーション」を設立し、事務局運営統括を兼務。

## 編集後記

本号の座談会において、仁平典宏氏は「慈善」、「社会奉仕」、「相互扶助」などの言葉が歴史的にどのように提示され、普及されてきたのかを分かりやすく語ってくれた。東京1964大会で「ボランティア」という言葉は使用されず、「支援者」や「協力者」という名称で活動していたことも分かった。90年代からの「震災ボランティア」、そしてJリーグ発足後のホームゲームの運営に携わるボランティア活動とその意味は、2020年を超えて、どのような意味を纏うことになるのだろうか。そして、「動員」という語はどのような位置づけをされるのか。ボランティアを行う一人ひとりの体験とその振り返りの中でその意味が生成されていくに違いない。

最近では「ファンドレイジング」がWEB上でも機能し、大きな金額を集めている場合もある。「チャリティー」や「フィランソロピー」といった慈善活動が普及しないといわれる国にあって、寄付に基づく社会活動をどのように展開していくのか、国際貢献活動に対する資金供与については、大きな課題として残っている。

もうひとつ。本号のインタビューで谷川聡氏がランナーは「筋や腱のふるまい」を学習すると述べた。反射による身体のパフォーマンスをどのように構成し、修正し、さらに伸ばしていくのか。コーチは何をどのように考え、声をかけるのか。身体の構築に関する知のありようを巡っての議論は、大変刺激的だった。コーチングの心理学や社会学がさらに探究される必要性を感じた次第である。

本号の刊行に協力いただきましたすべての方々に感謝申し上げます。

（清水　諭）

『現代スポーツ評論』第38号は、
2018年5月20日発行予定です。

※創文企画のホームページに「現代スポーツ評論」のバックナンバーが掲載されております。ぜひご覧ください。
http://www.soubun-kikaku.co.jp

【編集委員会】
［責任編集］清水　諭
［編集委員］友添秀則
［編集協力］杉山　茂
フォート・キシモト
（岸本　健）
石坂友司
二宮雅也
鴨門義夫
［編集部］鴨門裕明

**現代スポーツ評論 37**

2017年11月20日発行
編　者　清水　諭
発行者　鴨門裕明
発行所　創文企画

〒101-0061
東京都千代田区三崎町3－10－16
TEL：03－6261－2855
FAX：03－6261－2856
［振替］00190－4－412700

印　刷　壮光舎印刷
表紙デザイン　松坂　健
（ツー・スリー）

ISBN978－4－86413－102－5 C3075